LE
DROIT DES GENS

OU

DROIT INTERNATIONAL PUBLIC

———

INTRODUCTION

(NOTIONS GÉNÉRALES — HISTORIQUE — MÉTHODE)

PAR

M. E. CHAUVEAU

AGRÉGÉ DES FACULTÉS DE DROIT
PROFESSEUR A L'ÉCOLE DE DROIT D'ALGER

———

PARIS

LIBRAIRIE NOUVELLE DE DROIT ET DE JURISPRUDENCE

ARTHUR ROUSSEAU

ÉDITEUR

14, RUE SOUFFLOT ET RUE TOULLIER, 13

1892

LE
DROIT DES GENS

ou

DROIT INTERNATIONAL PUBLIC

LE
DROIT DES GENS

OU

DROIT INTERNATIONAL PUBLIC

———

INTRODUCTION

(NOTIONS GÉNÉRALES — HISTORIQUE — MÉTHODE)

PAR

M. E. CHAUVEAU

AGRÉGÉ DES FACULTÉS DE DROIT
PROFESSEUR A L'ÉCOLE DE DROIT D'ALGER

———

PARIS

LIBRAIRIE NOUVELLE DE DROIT ET DE JURISPRUDENCE

ARTHUR ROUSSEAU

ÉDITEUR

14, RUE SOUFFLOT ET RUE TOULLIER, 13

—

1891

PRÉFACE

Après l'*Introduction à l'étude du droit international* de M. L. Renault, aussi lucide dans l'idée que facile dans la forme, après l'*Introduction au droit des gens* de MM. F. de Holtzendorff et A. Rivier, précieuse par la richesse des aperçus et la profondeur de l'analyse, il était peut-être inutile de faire paraître sur le droit des gens une nouvelle introduction. Voici pourtant quelques motifs propres à expliquer l'entreprise : le livre de F. de Holtzendorff se présente sous une forme trop abstraite pour être d'une pratique commode aux esprits encore peu familiarisés avec les idées juridiques et les principes du droit international public ; j'ai pensé qu'il pouvait être bon de mettre les idées si judicieuses de l'auteur allemand à la portée d'un plus grand nombre de personnes et j'ai cherché à les exposer avec toute la clarté possible dans ce sujet ; sans multiplier outre mesure les exemples, je me suis efforcé d'en donner au moins un, à l'appui de toute notion un peu flottante ou trop abstraite. L'étude de M. Renault se recommande au contraire par la nette simplicité de ses formules ; malheureusement, comme introduction générale, elle offre des lacunes, volontaires sans doute, mais nécessaires à combler ; elle manque notamment d'une esquisse historique sur le droit des gens. Enfin, malgré l'autorité de MM. Renault et Holtzendorff, j'ai cru devoir, sur quelques points, me séparer de ces auteurs, pour exprimer, non sans hésitation, certaines idées personnelles ; on en trouvera surtout la preuve dans les paragraphes consacrés aux modes de formation du droit des gens et aux instruments servant à la connaissance de ce droit (§§ 9 et 10).

J'ai puisé de préférence dans les deux ouvrages ci-dessus indiqués de MM. Renault et Holtzendorff ; des références nombreuses, mentionnées en notes, montreront jusqu'à quel point je leur suis redevable. Les autres introductions au droit des gens, — elles sont nombreuses, presque chaque auteur ayant la sienne, — n'ont pas été autant utilisées ; elles sont en général moins heureuses, et ce qu'elles pouvaient offrir de meilleur a tout naturellement passé dans les deux études mises à contribution. Cependant il était impossible, sans négligence, de se dispenser de consulter les *Introductions* placées en tête des ouvrages de Heffter, Bluntschli, Calvo, Pradier-Fodéré... ; je leur ai du reste emprunté quelques renseignements utiles.

Paris, septembre 1891.

LE DROIT DES GENS

ou

DROIT INTERNATIONAL PUBLIC

INTRODUCTION

(NOTIONS GÉNÉRALES. — HISTORIQUE. — MÉTHODE)

1. — Le droit des gens ou droit international public est une science jeune encore et pour ainsi dire dans l'enfance, en voie de formation, née après une longue gestation, mais appelée à un progrès certain et d'un intérêt incontestable, si l'on songe au but même qu'elle se propose. Une science, à son début, a surtout besoin de notions précises sur son caractère, son principe, son objet et ses limites exactes; et l'on peut affirmer que du jour où l'on aura fixé, avec une rigueur suffisante, ces notions premières, on aura rendu service à la cause du droit international public, puisque l'on pourra marcher désormais d'un pas assuré, sans s'égarer en des spéculations inutiles, sans crainte d'étendre démesurément la recherche ou de la restreindre par trop. C'est pourquoi il était intéressant d'examiner avec soin et de résoudre, autant que possible, ces

questions de principe ; il importait en outre, afin de présenter une introduction plus complète à l'étude du droit international public, de retracer, dans une esquisse historique, la formation et les progrès du droit des gens, et d'indiquer enfin une méthode rationnelle pour le classement des matières et l'exposition de cette partie de la science juridique.

I

NOTIONS GÉNÉRALES.

§ 1er. — Idée première du droit des gens.

'2. — Si l'on veut tout d'abord avoir une idée générale
du droit international public et en comprendre la notion
première, il convient d'établir un rapprochement avec le
droit privé.

L'homme vivant isolément jouit d'une liberté naturelle,
que rien ne vient restreindre, en dehors des obstacles phy-
siques apportés à sa manifestation. Mais l'homme a besoin
de se mettre en rapport avec les êtres de son espèce ; il ne
peut se contenter du pouvoir que ses facultés et ses moyens
personnels lui donnent sur les choses animées ou inani-
mées ; et le fait primordial, qui s'impose, c'est la socia-
bilité : l'existence de relations entre individus de même
espèce. L'habitude, prise par certains hommes, de vivre en
contact et d'entrer en relations, les a conduits à se grou-
per, à constituer une société, dont l'existence a été forcément subordonnée à l'observation de règles, qui sont ve-
nues limiter la liberté naturelle de chacun des membres
de l'association, dans l'intérêt même des relations communes. Et le droit privé est apparu, au moment même où
chaque membre de la collectivité, après avoir eu conscience de la nécessité où il se trouvait d'assigner à l'exercice

de sa liberté naturelle les restrictions indispensables pour la rendre compatible avec celle des autres et pour maintenir l'existence des relations communes, a eu la volonté d'observer les règles et les préceptes, auxquels il paraissait utile de se soumettre, pour atteindre ce but, et a considéré l'observation ou la violation de ces règles comme une chose juste ou injuste (1).

3. — Le droit international public, bien qu'étant apparu postérieurement, est né et s'est développé sous l'empire de faits analogues et sous l'exigence des mêmes nécessités.

Des collectivités diverses ont été constituées ; divers groupements se sont formés, au sein desquels on dut observer des règles respectivement applicables à chacun de leurs membres. Chaque collectivité, chaque groupement, envisagé comme une unité indépendante, comme un être distinct, possède en principe une liberté absolue : c'est la conception de l'État autonome. Mais la même nécessité, qui oblige les membres d'un seul État à des relations communes, impose aussi des rapports entre les sujets des divers États. Ces États, vivant pour ainsi dire côte à côte, se pénètrent réciproquement, grâce aux relations qui rapprochent leurs ressortissants. Donc, à côté de ce fait : présence et coexistence d'États autonomes, on constate cet autre fait : nécessité de relations suivies, d'un commerce permanent entre les sujets de tous ces États (2). Pour assurer la continuité et la régularité de ce commerce, de ces relations, l'État est forcément obligé de consentir à une restriction de sa liberté absolue, de son indépendance ja-

____

(1) Cpr. Aubry et Rau, *Droit civil français*, 4ᵉ éd., t. I, §§ 22 et 23, p. 42.

(2) Cpr. Holtzendorff, *Introduction au Droit des gens*, p. 6.

louse et exclusive. Et le droit international public est né du jour où les États, après avoir eu conscience de la nécessité où ils se trouvaient d'assigner à l'exercice de leur souveraineté et de leur indépendance naturelles les restrictions indispensables, pour les rendre compatibles avec la souveraineté et l'indépendance des autres États et pour maintenir l'existence des relations communes, ont eu la volonté de se soumettre aux règles et aux préceptes nécessaires pour atteindre ce but, et de considérer l'observation ou la violation de ces règles comme une chose juste ou injuste (1).

§ 2. — Caractère positif du droit des gens.

4. — Le droit des gens n'est pas seulement une conception plus ou moins exacte de la raison et de l'esprit humain. Il faut lui reconnaître le caractère d'un *droit positif*, puisqu'il comporte, en fait, un ensemble de règles, reconnues obligatoires par les sujets mêmes qu'elles régissent, et des préceptes dont l'observation s'impose comme une chose juste, dont la violation est prohibée comme injuste. Cette affirmation cependant ne va pas sans soulever de contradictions.

5. — Au XVII⁰ et au XVIII⁰ siècles, toute une école s'était élevée contre le caractère positif du droit des gens. Dans l'esprit des partisans de cette école, le droit des gens n'existerait qu'à l'état de conception purement théorique et il ne serait qu'un fragment du droit naturel, dont les principes sur les rapports des hommes entre eux pourraient être étendus aux rapports mutuels des États ou na-

(1) V. Holtzendorff, *loc. cit.*

tions, envisagés comme personnes morales (1). Malgré la tendance assez générale des auteurs actuels à reconnaître l'existence de règles positives dans le droit des gens, on rencontre encore des adversaires convaincus. Tantôt on ne veut voir dans les rapports entre nations que des obligations d'ordre moral ; c'est ainsi que M. John Austin parle d'une « moralité internationale positive » (2) ; tantôt on n'admet que de simples rapports de fait, constituant des accidents fréquemment répétés, pouvant donner naissance à des « usages » internationaux, mais non à des « règles de droit international » (3).

(1) Un philosophe anglais, Hobbes, peut être considéré comme le précurseur de cette opinion, développée ensuite par Pufendorff, le fondateur de l'école du droit naturel. V. *infrà*, n° 160. — M. Lorimer, un auteur récent (son ouvrage, *Institutes of Law, a treatise of the principles of jurisprudence as determined by Nature*, a été résumé par M. Ernest Nys, *Principes de Droit international*), professeur de droit de la nature et des gens à l'Université d'Edimbourg, n'est pas très éloigné de cette école ; il nie le caractère positif du droit des gens, lequel n'est pour lui que la réalisation du droit naturel dans les relations entre communautés politiques séparées. — V. Holtzendorff, *op. cit.*, p. 22, note 2, p. 30, note 4 et p. 436 ; — Rolin-Jaequemyns, *Revue de droit international*, t. XVII, p. 517 et t. XVIII, p. 49.

(2) Citation contenue dans un article de M. Rolin-Jaequemyns. *De l'étude de la législation comparée et du Droit international, R. D. I.*, t. I, p. 225. V. aussi les passages cités *infrà* de Wheaton et de Accolas.

(3) Wheaton, *Éléments de Droit international*, 1re partie, chap. I, § 10, 3e éd., t. I, p. 22 s'exprime ainsi : « Il ne peut y avoir de *droit* où il n'y a point de *loi* et il n'y a pas de loi où il n'y a point de supérieur ; entre les nations, il n'y a qu'une obligation morale résultant de la raison, qui enseigne qu'une certaine conduite dans leurs relations mutuelles contribue le plus efficacement au bonheur général. Les lois proprement dites sont des commandements émanés d'un supérieur, auxquels est annexé, comme sanction, un mal éventuel. Les nations étant indépendantes les unes des autres ne recon-

Les adversaires du droit des gens positif soulèvent des objections assez embarrassantes ; ils les puisent dans une comparaison avec le droit privé qui, lui, possède certainement le caractère que l'on conteste au droit des gens.

6. — Dans le droit privé, il y a tout d'abord une autorité supérieure chargée d'en fixer les règles ; il y a un *législateur*, qui commande et auquel on doit obéir. En outre les règles édictées ne demeurent pas à l'état de préceptes théoriques ; il y a une seconde autorité, qui reçoit la mission de les appliquer, dans l'hypothèse où la règle se trouve violée ou contestée ; en d'autres termes, à côté du législateur, qui crée le droit, il y a le *juge* qui l'interprète et l'applique, qui « dit le droit ». Enfin la sentence du juge, qui a traduit, dans une espèce, l'application pratique de la règle, est entourée d'un respect assuré ; il y a, en effet, une troisième autorité, qui est chargée de la contrainte ; il y a l'*agent de la force publique*, qui fait exécuter les décisions du juge. Le législateur, dont la volonté est rendue vivante par le juge, trouve dans l'action de la force publique le moyen d'imposer cette volonté et le concours de ces trois autorités donne au droit son véritable caractère positif, en lui procurant une origine certaine, une application constante, une sanction efficace.

7. — Le droit international public présente un contraste saisissant. Il n'est pas l'œuvre d'un législateur.

naissent de supérieur que Dieu même ; tous les devoirs réciproques existants entre elles résultent de conventions ou de l'usage ; la loi, dans le sens naturel de ce mot, ne peut dériver ni de l'une ni de l'autre de ces deux sources du Droit international ». — V. dans Holtzendorff, *op. cit.*, p. 18, § 6 l'indication des principaux adversaires du caractère positif du Droit des gens.

revêtu du pouvoir nécessaire pour en fixer les règles ; il n'existe pas de puissance génératrice de ce droit, d'autorité commune et supérieure aux États, qui puisse commander aux sujets du droit des gens (1). On ne trouve pas non plus d'institution chargée d'appliquer les règles, que l'on dit juridiquement obligatoires, et de trancher les conflits, qui peuvent naître dans la pratique des rapports internationaux. Enfin tout moyen de contrainte normale fait défaut : la règle peut être violée, sans qu'il soit possible de découvrir la sanction de son inobservation en dehors de la guerre, c'est-à-dire en dehors d'une force, qui est la négation même du juste et de l'injuste (2). N'est-il pas étrange de concevoir un droit positif, dont l'existence et la formation restent soumises au caprice et à l'arbitraire de chacun des membres qu'il doit régir ? D'admettre des

(1) V. *suprà* à la note, la citation de Wheaton.

(2) M. Émile Accolas s'appuie surtout sur le défaut de sanction pour nier le caractère positif du droit des gens : « Le droit international, dit-il, est une morale internationale, et non pas un droit ; le signe propre et caractéristique du droit, la sanction, lui fait défaut. Entre nations, lorsque l'une viole le droit de l'autre, comme il n'existe pas de pacte, qui lie le genre humain et qui en mette la force collective à la disposition de la nation, dont le droit est violé, cette nation ne peut recourir qu'à sa propre force. Cette coercition diffère en deux points de l'action que confère le droit : 1° l'action n'est accordée qu'à la suite d'un jugement, qui déclare quelle est, entre les deux parties en conflit, celle qui a violé le droit de l'autre ; 2° l'action ne s'exerce que dans la mesure où l'exige la réparation du droit violé. — Sans doute la nation, dont le droit est violé, emploie légitimement sa force pour s'opposer à cette violation, mais il n'y a là qu'un fait de résistance, qui ne constitue pas une sanction du droit. Entre particuliers, c'est un principe fondamental, qu'on ne se fait pas justice à soi-même ; entre nations, ce principe est renversé. » — M. Accolas, *Cours élémentaire de droit*, introduction, I, p. VII.

règles de droit, que personne n'a mission de faire appliquer? D'affirmer enfin la réalité de préceptes juridiques obligatoires, dont la violation demeure facultative (1).

8. — L'apparente rigueur de ces objections ne doit pas cependant nous conduire à refuser au droit des gens le caractère positif qui lui appartient. Le parallèle établi n'est exact que restreint à une comparaison entre le droit international public et le droit privé, et ne prouve rien contre la positivité du droit des gens. Il démontre seulement, ce que personne ne conteste, l'absence dans le droit des gens de certains avantages spéciaux à d'autres branches du droit et en particulier au droit privé. Cette lacune du droit international public n'a rien de surprenant : on prend le droit privé, tel qu'il apparaît à l'heure actuelle, c'est-à-dire parvenu à un état d'achèvement, presque de perfection et on le compare au droit international public, qui est encore à l'état d'enfance, dont le développement est incomplet · on fait valoir facilement la supériorité de l'un et l'on y élève

(1) Un auteur américain, Héron, *History of jurisprudence*, p. 13, résume toute cette argumentation : « La reconnaissance complète de cette branche de la jurisprudence n'aura pas lieu avant l'adoption par les principales nations civilisées de quelque code international, qui soit promulgué par leur autorité, interprété par leurs tribunaux internationaux et appliqué en dernier ressort par leurs forces combinées. Un pareil système existe dans l'Amérique du Nord où les États, unis fédéralement, soumettent à la Cour suprême de justice des différends, qui, en d'autres temps, ne pouvaient être arrangés à l'amiable, et ne peuvent même être arrangés ainsi, encore aujourd'hui, dans la plus grande partie de l'Europe ». — Ces lignes étaient écrites quelque temps avant la guerre de sécession, qui éclata, malgré l'institution de la Cour suprême de justice ; cet événement aurait-il pu, dans l'esprit de l'auteur, être de nature à affaiblir le caractère positif du droit constitutionnel américain ?

sans effort l'existence de moyens, d'instruments, d'institutions, que l'autre ne possède pas encore ; et puis on voudrait, à raison de cette seule supériorité, nier le caractère positif du droit des gens. On oublie trop que le droit privé a traversé, lui aussi, une période d'élaboration, où, non encore pourvu des moyens supérieurs qu'il a conquis depuis, l'on ne songeait pas à lui refuser pour cela le caractère d'un droit positif. On part incontestablement d'une notion trop étroite du droit, quand on exige, pour le reconnaître comme positif, la nécessité d'un législateur qui le crée, d'un tribunal qui l'applique, d'une force qui lui assure une sanction.

9. — Il est vrai, le droit international public ne connaît pas d'autorité supérieure commune, chargée d'en édicter les règles. Il n'y a pas de pouvoir législatif, ayant pour attribution de faire des lois internationales. Mais le droit privé a commencé d'exister comme droit positif, dans toutes les sociétés, avant qu'un législateur eût reçu mission de le formuler. C'est le droit coutumier qui apparaît le premier dans l'histoire ; ce sont les usages, les mœurs, les traditions, la volonté commune et la conscience collective du peuple, qui ont imposé tout d'abord des règles positives ; et le besoin d'un pouvoir législatif ne s'est guère fait sentir qu'au jour où ces règles étaient devenues assez nombreuses, pour qu'il fût nécessaire d'en conserver la trace, et d'en fixer la formule autrement que dans la mémoire fragile des hommes. On a fait remarquer du reste, avec beaucoup de raison, que « les dispositions introduites par la coutume n'ont pas le caractère artificiel de celles qui sont dues à un législateur : elles sont le résultat de l'état social et se modifient bien plus lentement que

les créations arbitraires de la volonté de l'homme (1) ». La coutume forme l'une des sources les plus importantes du droit privé des Romains ; le droit coutumier de l'ancienne France n'est pas le produit d'une autorité législative ; le droit constitutionnel, dont on ne peut nier cependant le caractère positif, n'est pas toujours l'œuvre d'un pouvoir spécial, auquel est dévolu le soin de le créer : ainsi la constitution anglaise, d'origine coutumière, n'émane pas d'un pouvoir constituant. Enfin n'est-il pas permis d'affirmer, qu'aujourd'hui encore, dans la sphère même du droit privé, il y a des rapports de droit qui apparaissent et donnent naissance à des obligations, à des actions, indépendamment de tout texte de loi ; l'article 4 du Code civil considère comme coupable d'un déni de justice, le juge qui refuse de se prononcer, à raison du « silence de la loi ». Pourquoi s'étonner dès lors que le droit international public, si jeune encore, n'ait pas de législateur et que la coutume soit pour lui, nous le verrons plus tard, le mode de formation le plus important (2) ?

10. — Lorsqu'il s'agit de se prononcer sur le caractère positif d'un droit, il n'est pas nécessaire de savoir s'il existe ou non une autorité judiciaire, chargée d'en appliquer les règles et de trancher les contestations soulevées à leur sujet. En fait, la plupart des rapports juridiques produisent tout leur effet sans l'intervention des tribunaux (3) ; et la majeure partie des règles de droit privé sont observées, par cela seul qu'elles existent. La meilleure

(1) Cuq, *Les institutions juridiques des Romains, l'ancien Droit*, p. 13.
(2) Bluntschli. *Le Droit international codifié*, trad. Lardy, nouvelle édition, introduction, p. 3.
(3) V. Holtzendorff, *op. cit.*, p. 21.

2

application des préceptes de droit, n'est-elle pas l'application volontaire qui en est faite, sans contestation, par les sujets mêmes du droit, soucieux d'écarter une injustice et d'éviter la violation des règles reconnues par eux obligatoires? Cette application spontanée, normale et régulière ne fait pas défaut au droit international. Les États, dans leurs rapports mutuels, observent les préceptes du droit des gens et s'appliquent à respecter les règles, qui président à leurs relations; la violation du droit, les contestations et les conflits ne sont, en définitive, que des hypothèses exceptionnelles. Le droit international public, comme le droit privé, trouve son application la plus ordinaire dans une obéissance consentie sans hésitation et sans débat.

Si l'existence de tribunaux permanents était nécessaire pour donner au droit un caractère positif, le droit privé n'aurait acquis qu'assez tard cette qualité. L'institution des tribunaux permanents est une création relativement tardive dans l'histoire du droit (1). Au moyen-âge, à défaut de juridictions régulièrement organisées, on était amené à se faire justice soi-même; la guerre privée était en corrélation étroite avec la procédure (2); on admit pendant longtemps le duel judiciaire comme un moyen de preuve; cependant il est bien difficile de refuser un caractère posi-

(1) V. Holtzendorff, *op. cit.*, p. 25.
(2) V. Holtzendorff, *op. cit.*, § 73, p. 295 et s. — Bluntschli, *op. cit.*, p. 6. — On peut signaler aussi dans le droit romain l'analogie entre la procédure privée et la procédure de la déclaration de guerre, analogie qui tient sans doute à ce que, dans le vieux droit des Quirites, le citoyen pouvait poursuivre lui-même la satisfaction de son droit. V. Chauveau: *le Droit des gens dans les rapports de Rome avec les peuples de l'antiquité*, *Nouvelle Revue historique de Droit*, année 1891, t. XV, 4e livraison, p. 393-415.

lif au droit privé de cette époque. Est-ce que le droit constitutionnel, qui est positif, se trouve ordinairement pourvu d'une institution spéciale, chargée d'en faire l'application ? Sans doute on a pu élaborer certains types de constitutions, où l'on avait organisé une sorte de tribunal, gardien de la loi constitutionnelle : le Sénat de la constitution de l'an VIII en fournit un exemple ; mais ce n'est là qu'une exception.

Si, pour le droit des gens, il n'existe pas de tribunal permanent, d'institution judiciaire, spécialement créée en vue de son application (1), il ne faut pas croire cependant que les règles du droit international public échappent complètement à l'examen des tribunaux et soient soustraites sans réserve à la connaissance de toute juridiction. On a dû, plus d'une fois, dans les procès civils ou criminels, se préoccuper des principes de droit international public, et les tribunaux ordinaires ont interprété certaines règles du droit des gens et ils en ont tenu compte pour rendre leurs sentences (2). Il y a d'autre part

---

(1) On trouve toutefois dans le droit des gens l'exemple d'institutions judiciaires spéciales, ayant une véritable portée internationale, en ce sens qu'elles ne fonctionnent pas seulement dans les limites d'un État déterminé, mais étendent leur compétence sur l'ensemble de la communauté des États ; il en est ainsi de la Commission européenne du Danube : elle cumule les pouvoirs législatif, judiciaire et exécutif et on y trouve réunies les trois autorités qui assurent au droit privé son caractère positif, au dire de certains auteurs. On pourrait donc, dans leur opinion, s'appuyer sur ce fait, pour prouver que le droit des gens a, lui aussi, au moins partiellement, un caractère positif.

(2) Nous ne pouvons indiquer ici toutes les décisions judiciaires de cette nature ; celles qui sont rapportées dans les recueils français sont déjà nombreuses ; quelques exemples suffiront. On peut signa-

des cours de justice, fonctionnant dans le ressort de chaque État, dont la mission normale est d'appliquer certains préceptes du droit international public (1) ; ainsi les tribunaux de prise jugent suivant les règles du droit de la guerre maritime. Pour résoudre les conflits, qui s'élèvent entre les États, on a souvent recours à des tribunaux d'ar-

ler en premier lieu la controverse qui s'agite sur la mesure de la compétence des tribunaux à l'égard des États (Cass., 22 janv. 1849. D. 49, 1, 7 ; S. 49, 1, 82 ; Paris, 23 août 1870. D. 71, 2, 9 ; Nancy, 31 août 1871. D. 71, 2, 20 ; Seine, 22 avril 1890. *Le Droit*, 24 avril 1890). Les tribunaux peuvent être amenés à examiner la validité, le maintien, ou la possibilité d'application d'un traité ; c'est ainsi que la question relative à l'annulation des traités par le fait de la déclaration de guerre s'est présentée devant la Cour de cassation (Cass., 23 déc. 1851. S. 54, 1, 811) ; la jurisprudence s'est aussi prononcée sur l'application dans un État annexé de traités conclus avant l'annexion par l'État annexant (Montpellier, 10 juillet 1872. D. 72, 2, 240 ; Paris, 1er déc. 1879. *Le Droit*, 6 déc. 1879 ; *Revue critique*, 1881, p. 473). On a vu un tribunal, dans une affaire d'assurance maritime, statuer sur la qualité de belligérants (Trib. Marseille, 19 janv. 1824, affaire Bazin. V. Dal., *Rép.*, Vo *Droit maritime*, n° 1842). Les questions relatives à la souveraineté de l'État sur la mer territoriale (affaire de la *Franconia* devant les tribunaux anglais), à la condition des navires et de leurs équipages en pleine mer ou dans les ports étrangers, ont fait l'objet de décisions judiciaires (Bordeaux, 31 janv. 1838. S. 39, 2, 37 ; Cass., 29 février 1868. D. 68, 1, 412) ; il en est de même des difficultés relatives aux immunités diplomatiques ou consulaires (Paris, 2 janv. 1886. D. 86, 2, 216). Tout récemment encore un conseil de guerre était appelé à se prononcer, à propos d'une question d'extradition, sur les effets, en droit international public, du traité établissant le protectorat français sur la Tunisie (Conseil de guerre de Lille, 26 juin 1891). Ce serait une étude fort intéressante que de préciser la mesure dans laquelle les tribunaux peuvent faire application des principes admis dans le droit des gens.

(1) Ce ne sont pas de véritables juridictions internationales, ce sont en effet des institutions propres à chaque État et fonctionnant dans les limites territoriales d'un pays.

bitrage, dont les décisions renferment une application des règles du droit des gens (1). Enfin on pourrait encore signaler ce fait, que dans les États fédératifs, l'application du droit fédéral peut être confiée à un tribunal suprême ; mais, comme il n'est pas bien certain que le droit fédéral fasse partie du droit international public proprement dit, plutôt que du droit public interne, il convient de s'en tenir aux autres exemples ; ils sont au reste suffisants pour démontrer que le droit des gens n'est pas absolument lettre morte dans l'administration pratique de la justice, et qu'à cet égard il n'est pas aussi éloigné, qu'on semble le croire, des autres branches de la jurisprudence.

11. — Enfin il est encore inexact de nier la positivité du droit des gens, à raison de la supériorité du droit privé, dans ses moyens d'exécution et dans la sanction dont il est entouré. Qu'importe, à ce point de vue, de ne trouver la protection et la défense de l'ordre international que dans la guerre ? Il en a été longtemps de même pour le droit privé et pour le droit pénal, et, comme le dit fort bien Holtzendorff, « malgré la traditionnelle vengeance du sang, l'ancien droit germanique était un droit positif dans ses coutumes et dans ses lois (2) ». On trouve aujourd'hui encore, dans la législation civile, des droits imparfaits, qui n'ont qu'une protection incomplète, dont la sanction est incertaine et qui ne possèdent qu'une efficacité indirecte,

(1) En dehors de l'affaire classique de l'*Alabama*, on peut citer l'exemple curieux de la Cour de cassation française, choisie comme arbitre dans un différend entre la France et le Nicaragua, et suivant, dans le procès international, sa procédure habituelle. V. un article de M. Renault, *Un litige international devant la Cour de cassation de France*. R. D. I. 1881, p. 22.

(2) Holtzendorff, *op. cit.*, p. 21.

par exemple les obligations dites naturelles. Où est donc la sanction du droit constitutionnel ? Lorsqu'un coup d'État a renversé le gouvernement légal, quelle est l'autorité chargée de réprimer cette violation du droit ? L'inobservation impunie des règles internationales n'enlève pas davantage au droit des gens son caractère positif. Ainsi qu'on l'a fait remarquer avec beaucoup de raison, « le plus ou moins d'*efficacité* du droit, la *nature* et la *qualité* de sa sanction, et l'*existence* du droit sont des questions distinctes (1) ».

Dépourvu d'une sanction pratique et positive, le droit international public trouve pourtant une sanction idéale dans la crainte des dangers inhérents à la violation d'une règle, que l'on sait juste. Cette crainte, qu'éveillait autrefois la colère des dieux, réside maintenant dans la menace des nations voisines, légitimement froissées par l'injustice commise et prêtes peut-être à déclarer la guerre ou à exercer des représailles (2) ; elle réside encore dans le mépris commun des autres peuples, éclairés par les révélations publiques de la parole et de l'écriture et dans la critique future de l'histoire (3) ; elle suffit pour favoriser, dans la plupart des cas, l'observation normale des règles, que les États ont *reconnues* comme propres à diriger leurs relations communes.

12. — Et nous voici revenus à la notion véritable du

(1) Rolin-Jaequemyns, article cité, R. D. I. 1869, p. 233.

(2) C'est ce qu'on appelle le « *risque de guerre* ». V. Préface de M. de Molinari au livre de Bluntschli, p. VII.

(3) Suivant le mot de Schiller, « l'histoire du monde est le tribunal du monde ». V. Bluntschli, *op. cit.*, p. 9 ; Holtzendorff, *op. cit.*, p. 111 ; Heffter, *Le Droit international de l'Europe*, trad. Bergson, 3ᵉ éd., p. 3.

caractère positif du droit des gens. Il faut et il suffit que
chaque État ait la volonté de se conduire et la prétention
d'être reconnu comme un sujet du droit, en se soumettant
aux règles juridiques, nécessaires à l'existence et au maintien d'une communauté internationale entre les États. En
d'autres termes, ce qui importe pour le caractère positif
des préceptes du droit des gens, c'est l'élément de la reconnaissance réciproque d'obligations juridiques de la part des
États, conscients d'être tenus et liés par des règles internationales. Or cette reconnaissance d'obligations imposées
aux États dans leurs rapports respectifs, cette soumission
volontaire non à des usages, mais à des règles juridiques
et positives, ne peuvent être mises en doute. L'existence
d'un droit véritable est affirmée par les gouvernements
qui représentent les États, et, dans la pratique, on discute
plutôt sur l'interprétation que sur l'existence des règles
internationales. Les grands congrès européens ont plus
d'une fois solennellement proclamé la réalité vivante du
droit des gens (1). Outre ces manifestations générales et

(1) Dans la Déclaration d'Aix-la-Chapelle, 15 novembre 1818 :
« Les Souverains, en formant cette union auguste, ont regardé
comme la base fondamentale leur invariable résolution de ne jamais
s'écarter, ni entre eux, ni dans leurs relations avec d'autres États, de
l'observation la plus stricte des *principes du droit des gens,......* » —
Dans le traité du 30 mars 1856, on lit à l'article 7 : « Sa Majesté
l'empereur des Français, Sa Majesté l'empereur d'Autriche, Sa Majesté la reine du royaume-uni de la Grande-Bretagne et d'Irlande,
Sa Majesté le roi de Prusse, Sa Majesté l'empereur de toutes les
Russies, et Sa Majesté le roi de Sardaigne déclarent la Sublime-Porte
admise à participer aux avantages du *droit public et du concert européen.....* ». Dans la Déclaration de Paris du 16 avril 1856, on trouve
affirmée l'existence du droit maritime en temps de guerre : « Les
plénipotentiaires, qui ont signé le traité de Paris du 30 mars 1856,

collectives, dans le sens de la reconnaissance de règles internationales, on a vu des États, qui soumettaient un différend à la décision d'arbitres, convenir que la question litigieuse serait résolue conformément aux préceptes du droit des gens (1). Même pendant la durée des hostilités, les belligérants peuvent invoquer et, souvent en fait, ont invoqué les règles positives du droit de la guerre (2). Un État peut isolément, dans une loi, reconnaître l'existence du droit international public, comme l'a fait l'Italie, dans la loi dite des *Garanties* (3). Il arrive même qu'un État

réunis en conférence, — Considérant : — Que le droit maritime, en temps de guerre, a été pendant longtemps l'objet de contestations regrettables ;......... Que les plénipotentiaires, assemblés au Congrès de Paris, ne sauraient mieux répondre aux intentions, dont leurs gouvernements sont animés, qu'en cherchant à introduire dans les rapports internationaux des principes fixes à cet égard. » — Enfin dans le traité de Berlin de 1878, l'article 40 porte : « jusqu'à la conclusion d'un traité entre la Turquie et la Serbie, les sujets serbes..... seront traités suivant les principes généraux du droit international ».

(1) Traité du 8 mai 1871 — entre les États-Unis et l'Angleterre — dans l'affaire de l'Alabama, article 6 : « En décidant les sujets, qui leur seront soumis, les arbitres seront guidés... par les principes du droit des gens ». — Traité du 2 novembre 1882 entre la France et le Chili : « La Commission jugera d'après les principes du droit international ».

(2) V. la correspondance échangée entre Jules Favre et de Moltke, lors du bombardement de Paris. — *La guerre de* 1870. Relation du Grand État-major Prussien, t. IV, *Appendice*. — V. aussi une lettre du général Chanzy à un commandant prussien, *La deuxième armée de la Loire*, p. 278.

(3) Art. 11 : « Les représentants des Gouvernements étrangers près Sa Sainteté jouissent dans le royaume de toutes les prérogatives et immunités, qui appartiennent aux agents diplomatiques, en vertu du *droit international* ». Cette reconnaissance se manifeste encore dans les lois constitutionnelles qui fixent la capacité des pouvoirs publics, chargés de représenter l'État dans ses rapports extérieurs.

promulgue, sous la forme d'une loi, qu'il fait appliquer à l'égard de ses sujets, certains principes du droit international public ; on peut citer comme exemple, l'*Instruction de 1863 pour les armées en campagne des États-Unis d'Amérique* (1). En pareil cas, le droit international public, traduit sous forme de loi locale par les soins d'un État, auquel incombe le devoir d'en assurer le respect dans les limites de son action souveraine, est susceptible d'une application judiciaire et d'une sanction pratiquement efficace.

Ainsi les États n'ignorent pas l'existence de règles internationales, qu'ils sont tenus de respecter et qu'ils respectent ; ils se savent les sujets d'un droit des gens, qu'ils se déclarent prêts à observer et qu'ils observent. Dès lors le caractère positif du droit international public se trouve affirmé ; si la lacune d'une autorité législative laisse aux règles moins de certitude, si, à défaut d'institutions judiciaires permanentes, l'application en est parfois douteuse, si enfin l'absence d'une sanction véritable ne lui donne pas une garantie complète d'efficacité, cet état d'infériorité fait ressortir seulement l'incomplet développement du droit des gens (2). Cette conclusion est conforme à l'opinion des auteurs les plus considérables qui ont écrit sur le droit civil : Savigny, d'Ihering, Aubry et Rau constatent cette

(1) Il y a d'autres lois de même ordre, qui ont pour but d'assurer le respect du droit des gens sur le territoire de chaque État. V. *infra*, n° 65.

(2) Le droit des gens pourra-t-il conquérir un jour tous ces moyens supérieurs que possède le droit privé ? Ou bien le principe de l'autonomie sera-t-il toujours un obstacle à l'organisation de pouvoirs législatif, judiciaire et exécutif dans le domaine des relations internationales ? V. *infra*, n° 22.

infériorité, sans refuser au droit des gens le caractère positif, qui lui appartient réellement (1).

§ 3. — Rôle du droit dit naturel : droit théorique.

13. — L'existence démontrée d'un droit des gens positif
doit-elle faire écarter complètement la notion et l'influence
d'un droit des gens dit naturel ? Et sinon, quel est le rapport
exact qu'il convient d'établir entre le droit positif et le
droit naturel ? Les auteurs, tout en admettant dans les
relations internationales la réalité de règles positives, ont
souvent exagéré le rôle et l'importance du droit naturel.
Sans le considérer comme l'élément unique du droit des
gens, ce qui était l'opinion, maintenant abandonnée, de
Pufendorff, ils lui assignent d'ordinaire une place supérieure
et pour ainsi dire préexistante à celle du droit positif. A
leur avis, avec les données seules de la raison et en tenant
compte de la nature des États, on peut ramener les rapports de ces États entre eux à des principes généraux et

(1) En ce qui concerne Savigny et d'Ihering, V. Holtzendorff, *op.
cit.*, p. 22, texte et notes ; d'après Aubry et Rau, *Droit civil français*,
4ᵉ éd., t. I, p. 5, texte et note 4 : « toute règle légitimement susceptible de devenir l'objet d'une coercition extérieure est par cela même
une règle juridique ; l'absence d'institutions propres à en assurer
l'observation ne la prive pas de ce caractère et ne lui enlève pas
son autorité intrinsèque ». — Parmi les auteurs qui ont écrit sur
le droit des gens, un grand nombre admettent le caractère positif de
ce droit. Nous citerons notamment Heffter, *op. cit.*, p. 2 et 3 ; Bluntschli, *op. cit.*, p. 2-11 ; Holtzendorff, *op. cit.*, § 6 ; Renault, *Introduction à
l'étude du droit international*, §§ 6 à 12 ; Pradier-Fodéré, *Traité de
droit international public*, t. I, Introd. — V. dans ces auteurs l'indication des autres partisans du droit des gens positif.

formuler les règles appelées à régir la communauté juridique internationale. Ces règles, ainsi déduites rationnellement, existent en quelque sorte *à priori*, et sont antérieures aux préceptes consacrés par l'usage et les traités ; elles sont immuables, comme toute vérité fondée en raison, et elles s'imposent comme une nécessité dans les rapports internationaux entre tous les États ; elles constituent ce que l'on appelle le droit des gens *primitif, naturel, absolu, nécessaire*. Quant aux règles, établies par l'usage ou fixées par des conventions formelles, en conformité plus ou moins étroite avec les premières, suivies par un certain nombre d'États, elles forment le droit des gens *secondaire, positif, relatif, volontaire* (1).

14. — Ce rôle supérieur assigné au droit naturel s'explique par ce fait, qu'on a d'abord étudié le droit des gens plutôt au point de vue philosophique : la conception idéale et théorique de ce droit a précédé l'exposé méthodique des règles positives (2). Le livre de Grotius a paru avant même que le droit international ne fût complètement fondé, comme droit positif, sur des bases solides ; et, dans ce livre, c'est la notion du droit naturel qui domine ; l'examen des

---

(1) Cette opinion, qui remonte en réalité jusqu'à Grotius et s'est transmise à travers les écrits de Wolff et de Vattel (V. *infrà*, n° 158), se retrouve plus ou moins atténuée dans les ouvrages de certains auteurs modernes. V. Renault, *op. cit.*, § 12 ; Pradier-Fodéré, *op. cit.*, n°s 13 et s. ; G. Bry, *Précis élémentaire de droit international public*, p. 4.

(2) Cpr. Holtzendorff, *op. cit.*, p. 27 et 28 et p. 30, note 3, où se trouve cette citation de Kaltenborn, *Kritik des Vœlkerrechts*, p. 28 : « La science s'attacha à l'étude du Droit des gens philosophique, avant qu'elle n'essayât d'édifier avec fidélité et certitude un système positif sur la base fournie par la pratique de la vie internationale ».

règles positives n'y occupe qu'une place tout à fait secondaire. On a par suite pensé que le droit naturel était l'élément essentiel, primitif et nécessaire du droit des gens. Il importe de rétablir, sur ce point, la vérité. La conception d'un droit naturel, présidant aux rapports des particuliers comme aux rapports des États, est de beaucoup postérieure à l'existence, à la pratique et à l'application de règles positives. C'est seulement après les recherches faites pour connaître l'histoire des institutions, leur développement progressif, et pour étudier comparativement les lois des diverses nations, qu'on a pu songer à la large synthèse qui a donné naissance au droit naturel ; c'est en s'appuyant sur les données fournies par la diversité et l'évolution des règles positives, que l'on a pensé à dégager une loi idéale, supérieure aux lois effectivement pratiquées, une loi générale répondant à un état de nature qui existerait pour les hommes et pour les nations (1). On ne peut donc, sans renverser l'ordre des faits, considérer le droit naturel comme un ensemble de préceptes nécessaires et préexistants, source première du règlement de tous rapports juridiques.

15. — A vrai dire les conclusions fournies par le droit naturel ne sauraient jamais constituer des prescriptions en elles-mêmes obligatoires ; elles ne sont que la partie critique et purement théorique de la science du droit. Le rapport du droit naturel et du droit positif nous paraît facile à préciser ; c'est la critique scientifique et la spéculation philosophique, alliées à la recherche, à l'examen et à l'interprétation des règles effectivement pratiquées. Lors-

(1) La preuve en est fournie par l'ouvrage même de Grotius ; son livre est rempli d'exemples puisés dans l'étude historique des événements de l'antiquité.

qu'on a déterminé les préceptes du droit positif et fixé les règles suivies dans la pratique des relations internationales, il convient de discuter la valeur de ces règles, de se demander si elles répondent aux exigences les plus rationnelles, si elles ne sont pas susceptibles d'être modifiées, améliorées ; en d'autres termes, après avoir établi ce *qui est*, on doit rechercher ce qui *devrait être*. Cette recherche comporte, pour ainsi dire, deux degrés : au premier degré se trouve la critique proprement dite des règles positives préalablement déterminées ; elle a pour but de dire si ces règles sont bien d'accord, à l'heure actuelle, avec l'état réel des rapports internationaux, avec le développement de la conscience juridique des peuples, avec les nécessités du jour et les exigences du moment ; ou si, au contraire, en tenant compte des faits acquis et des idées reçues, il ne serait pas possible de corriger les règles admises ; autrement dit, on cherche à formuler les *desiderata* de la science qui paraissent immédiatement réalisables (1). Ces conclusions de la critique n'ont évidemment rien d'immuable, ni d'absolu ; elles sont au contraire variables et contingentes : aujourd'hui certaines règles peuvent être à l'abri de toute critique et sembler demain condamnables, le progrès de la civilisation permettant alors de proposer des règles meilleures pour les rapports internationaux. Au second degré se place la spéculation, d'allure philosophique, concevan des systèmes, des théories, des réformes, d'une réalisation plus lointaine dans l'avenir ; on escompte des progrès que

(1) Pour comprendre le rôle et la portée de la critique on peut citer, comme exemple, la discussion qui s'élève sur la valeur de la règle contraire au respect de la propriété privée ennemie dans la guerre maritime.

la raison démontre possibles ; on indique un idéal, que l'on croit bon d'atteindre et l'on marque l'avenir souhaitable du droit (1). Ces spéculations, parfois un peu vagues, moins précises que la critique restreinte aux données actuelles, moins utiles aussi, ne sauraient prétendre davantage à l'absolu d'une vérité immuable ; ce sont des rêves généreux, des utopies séduisantes, que vient renverser trop souvent la brutalité des événements.

16. — Réduit ainsi, en dernière analyse, à n'être que la partie purement théorique de la jurisprudence, le droit appelé *naturel* devrait plutôt prendre la dénomination de droit *philosophique* ou mieux encore de droit *théorique* (2). Son rôle critique ou spéculatif ne doit pas être élevé plus haut dans le domaine du droit des gens que dans toute autre branche du droit. Ce rôle reste d'ailleurs suffisamment important : c'est une erreur grave que de vouloir s'enfermer exclusivement dans l'examen des règles positives et de méconnaître les données de la science, du droit *naturel*, si l'on veut (3). En effet la critique et même la spéculation ont une influence sensible sur le développement du droit positif ; de même que dans le droit privé, les appréciations formulées par les auteurs, les réformes proposées, ont souvent amené des remaniements législatifs, de

(1) Voir, à titre d'exemple, les théories émises touchant l'organisation d'une fédération des États, *infrà*, n° 22.

(2) Holtzendorff dit « droit des gens naturel ou philosophique » ; c'est la rubrique du paragraphe 8 de son introduction, *op. cit.*, p. 26. — Cpr. Heffter, *op. cit.*, p. 27.

(3) L'école positiviste, qui s'est fondée par réaction contre les idées de Pufendorff, a nié ou ignoré l'existence du droit naturel ; parmi les partisans de cette école il faut citer avant tout J. J. Moser. V. *infrà*, n° 161.

même, dans le droit des gens, les *desiderata* de la science peuvent entrer, grâce à la force puissante de la raison, dans le domaine de la pratique, et, en fait, le progrès du droit des gens est intimement lié au mouvement des théories et des idées émises à son sujet (1). La séparation est même parfois délicate entre les idées juridiques, qui se préparent et s'élaborent dans les ouvrages, et les règles positives réellement appliquées, puisqu'il n'y a pas de Code où l'on trouve inscrits les préceptes internationaux. C'est pourquoi il faut éviter de confondre, dans une définition du droit des gens, le droit positif et le droit dit naturel ; éviter surtout de mélanger sans distinction dans un ouvrage, tel que celui de Bluntschli, les règles admises en fait et celles que l'on voudrait voir admettre ; c'est pourquoi il importait aussi de restituer au droit positif la place qui lui convient et de se persuader que, malgré tout, le droit naturel reste subordonné à la détermination préalable des règles existantes (2).

§ 4. — Fondement du droit des gens ; son objet.

17. — Il nous faut donc chercher le principe et le fondement du droit des gens ailleurs que dans un prétendu

(1) V. *infrà*, l'esquisse historique du droit des gens.

(2) Holtzendorff a parfaitement indiqué le rapport du droit naturel et du droit positif et l'importance de celui-ci : « Le droit positif, dit-il, même imparfait, mais généralement admis et reconnu, a plus de valeur au point de vue des relations internationales que les essais théoriques, qui tendent à faire admettre un principe parfait, mais que la communauté internationale combat », *op. cit.*, p. 27. — Cpr. Heffter, *op. cit.*, p. 27 et 28.

droit naturel, qui n'est en somme que le produit scientifique de l'étude du droit positif. Le droit des gens repose
sur la *nécessité* d'opérer une conciliation entre deux tendances opposées, qui ont l'une et l'autre certaines exigences
irréductibles.

18. — La première tendance est celle qui se manifeste
chez les peuples, les nations ou les races, groupées sous
forme d'États ; ces peuples et ces races, sous l'influence de
raisons multiples et d'affinités diverses, ont formé des groupes distincts, séparés, devenus les États actuels ; toutes ces
collectivités ont le souci très vif de leur autonomie et de
leur indépendance, qu'elles s'efforcent de sauvegarder,
souvent au prix des plus lourds sacrifices ; chacune prétend
conserver son individualité propre et refuse de se confondre avec les autres. Cette tendance *particulariste* doit nécessairement être respectée : la réunion de tous les peuples,
de toutes les races, sous une même domination, la formation d'un vaste empire englobant tous les hommes sous
une autorité unique paraît irréalisable, au moins à l'heure
actuelle. La cohésion opérée par la seule force des armes
serait éphémère ; et les peuples, confondus aujourd'hui
malgré eux, demain voudraient se désunir. Chacune des
races a ses aspirations particulières, ses besoins spéciaux,
auxquels l'autonomie de l'État peut seule donner satisfaction ; les mœurs d'une nation, ses intérêts propres réclament l'action d'un gouvernement approprié et d'une législation convenable : un peuple agricole, par exemple, a d'autres désirs qu'un peuple industriel et, pour y faire droit,
il faut à chaque État une souveraineté indépendante. Cette
vérité a fini par triompher au milieu des vicissitudes de
l'histoire : on a compris qu'il était inutile, sinon dangereux

pour un État, de combattre l'indépendance des autres nations et de prétendre à une domination universelle ; on a eu conscience qu'il était nécessaire d'affermir en principe l'autonomie des États et de respecter la tendance *individualiste* des races appuyée sur des exigences impérieuses.

19. — Mais la notion de l'État autonome, assurant à ses membres la sécurité et l'exercice de droits conformes à leurs aspirations propres, ne doit pas voiler le développement d'une idée plus large, celle de l'unité de la nature humaine. A côté de la tendance particulariste des races, organisées en États distincts, dans le but de protéger des intérêts particuliers, il faut placer la tendance *universelle* et *cosmopolite* des hommes vers la communauté de droit ; à côté des besoins spéciaux aux divers peuples, il y a les besoins généraux de l'humanité. Il ne suffit pas que, dans le sein d'un même État, tous les sujets aient conquis la liberté de leurs rapports mutuels, l'exercice régulier de leurs droits individuels et l'égalité juridique ; l'humanité ne se trouve pas satisfaite de cette première conquête ; les hommes aspirent encore à obtenir les mêmes avantages au delà des limites de l'État : il leur faut la facilité des relations internationales sur toute la surface du globe, une généralisation plus grande de l'égalité de droit, une conception plus large de l'uniformité des règles applicables à leurs rapports juridiques (1). Cette tendance, conforme au but idéal des progrès

(1) La preuve de cette tendance se manifeste d'une façon éclatante dans les *unions* que forment les États pour la satisfaction d'intérêts généraux : union postale, union monétaire, etc., etc. ; elle se manifeste aussi fréquemment dans les revendications socialistes ; presque tous les congrès ouvriers réclament une législation internationale du travail. V. l'ordre du jour du congrès des mineurs, 4 avril

du droit, est imprimée dans l'évolution même de la
science juridique, qui, de degré en degré, arrive à « consacrer, d'une façon de plus en plus parfaite, les droits inhérents à la nature de l'homme, la liberté des actes licites
compatibles avec l'ordre social, l'égalité juridique des conditions et des aptitudes (1). » Elle ne saurait être méconnue : l'État ne peut, sans froisser les aspirations invincibles
de ses membres, négliger la satisfaction des intérêts supérieurs de l'humanité ; le gouvernement, qui tenterait d'y
mettre obstacle, ne tarderait pas à s'affaiblir, à disparaître
même devant la résistance et l'hostilité de ses sujets. L'É-
tat, s'il veut remplir son rôle et subsister, est tenu de
prêter son concours au développement de la tendance universelle du cosmopolitisme.

20. — Nous sommes donc en face de deux tendances
opposées, également respectables : comme il ne convient
pas de sacrifier complètement l'une à l'autre, il est indispensable de rechercher une transaction qui laisse à chacune sa part nécessaire. La notion de l'État autonome ne
s'oppose pas à la conciliation demandée : l'État, au contraire, est le facteur, l'intermédiaire propre à procurer la
satisfaction combinée des deux tendances rivales. Le principe même de son autonomie répond au courant individualiste, à la tendance particulariste des races. Son
concours facilite encore le développement de l'autre te n-
dance ; à cet effet, l'État, au lieu de rester dans un isole-
ment jaloux, se prête à l'organisation d'une société

1891, sur la réduction de la journée de travail à huit heures. (Dans
les journaux, à la date indiquée.)

(1) Labbé, *Préface à l'ouvrage cité* de M. Cuq, p. II et III. Cpr. Holtzendorff, *op. cit.*, p. 32.

nouvelle ; il accepte d'être membre d'une communauté juridique, établie entre tous les États, au profit de laquelle il consent librement l'abandon d'une partie de son indépendance souveraine et exclusive. A la place d'une société presque impossible à réaliser, si on voulait l'étendre à tous les hommes, on arrive à une association d'États, d'une organisation plus facile, à raison même du nombre restreint des membres qui la composent. Dans cette communauté juridique, les États sont les mandataires de leurs peuples et leurs représentants au point de vue des intérêts généraux de l'humanité : l'unité de la nature humaine n'est pas réalisée directement par la constitution d'un empire universel, contraire aux sentiments individualistes des peuples ; mais elle est représentée par l'entremise des États et figurée dans la communauté juridique qu'ils constituent.

21. — Tel est le fondement moderne du droit des gens : la nécessité d'une conciliation entre les deux tendances indiquées et, cela, par l'intermédiaire des États. L'objet même de ce droit n'est autre que les termes de cette conciliation : autrement dit, le droit des gens a pour objet de marquer la part faite au principe d'autonomie dans la transaction opérée, de déterminer la mesure des restrictions, que ce principe subit, pour permettre une association entre les États ; il comprend ensuite les règles qui président aux rapports respectifs des membres de cette association, rapports établis dans le but de favoriser les intérêts communs à tous les hommes et de donner ainsi satisfaction à la tendance universelle de l'humanité vers la communauté de droit.

22. — Le droit des gens positif se contente de présenter la formule des règles admises et de préciser la situa-

tion exacte de l'État dans la communauté juridique. La
critique scientifique fournit l'appréciation de ces règles
et la mesure de leur valeur. Quant à la spéculation, elle
a pu proposer d'autres solutions du problème : certains
ont pensé qu'il convenait, sinon de sacrifier la tendance
cosmopolite, du moins de la restreindre et de fortifier en
même temps la tendance individualiste, en lui donnant
une assiette plus large et plus solide ; on a préconisé le
principe des *nationalités*, pour le groupement des individus, pour la formation de collectivités, au sein desquelles
les hommes se trouveraient unis par la communauté de
races, de mœurs et d'institutions (1). L'histoire semble
avoir déjà fait le procès de cette théorie. D'autres ont
souhaité de voir l'État sacrifier davantage son autonomie,
afin qu'on puisse se rapprocher un peu plus de l'unité
d'association entre les hommes ; on a proposé, dans ce sens,
l'organisation d'une fédération des États, d'une république
universelle, avec un pouvoir central, capable de commander à tous les membres ; les divers États ne seraient
plus que les sujets obéissants d'une *Grande Cité* des peuples (2), au lieu d'être, comme à présent, les membres

(1) On peut signaler, comme se rattachant au principe des nationalités, non seulement les aspirations de l'Italie, mais encore ce
qu'on appelle le *Panslavisme*, le *Pangermanisme*.

(2) De nombreuses propositions ont été faites en ce sens. On peut
rattacher à cette idée le « grand projet » d'Henri IV pour la formation d'une république des États européens ; ce projet fut développé
par l'abbé de St-Pierre dans un opuscule intitulé : « *Projet de traité
pour rendre la paix perpétuelle* ». Utrecht, 1713. — L'idéal de la paix
perpétuelle est souvent en effet le but de ces divers systèmes. La
civitas gentium maxima, dont parle Wolff (V. Holtzendorff, *op. cit.*,
4ᵉ partie. *Esquisse d'une histoire littéraire des systèmes et méthodes du
droit des gens* par Rivier, p. 403), l'*État des nations* de Kant (Holtzen-

libres d'une communauté juridique, prêtant volontairement leur concours à la satisfaction des intérêts supérieurs de l'humanité (1). L'avenir seul permettra de savoir si ce sont là des projets réalisables ou des utopies plus généreuses que pratiques. En tout cas, ce n'est pas l'expression du droit des gens, tel qu'on le conçoit à notre époque : son objet actuel se borne à l'organisation extérieure d'États autonomes, entrant en relation les uns avec les autres, constituant une communauté durable, juridiquement reconnue et volontairement consentie (2).

§ 5. — Limites du domaine propre au droit des gens.

23. — Il ne suffit pas d'indiquer d'une manière générale l'objet du droit des gens ; il importe de fixer avec plus de précision les limites dans lesquelles se trouve contenue

dorff-Rivier, *op. cit.*, p. 428) répondent aussi à cette conception. — M. Lorimer veut faire de Constantinople le siège d'une administration internationale (*Le problème final du droit international*, R. D. I. 1877, p. 161). Bluntschli (*l'Union des États européens*, dans le *Gegenwart* de Berlin, 1878, vol. XIII) a construit le plan d'une fédération, à la tête de laquelle il place : 1° un Conseil fédéral de 21 délégués (2 pour chacune des six grandes puissances, 1 pour les autres); 2° une Chambre des représentants de 105 membres (10 pour les grandes puissances, 5 pour les autres). — Quelle serait la part laissée au principe d'autonomie dans ces projets d'États-Unis de l'Europe ou du monde ? Tout au plus pourrait-elle être égale à l'autonomie des communes, qui possèdent dans certains pays leur *Self-government*.

(1) S'il y a des restrictions à l'autonomie de l'État, c'est qu'elles sont voulues et consenties par lui ; le principe même de l'autonomie n'est point altéré ; il se trouve plutôt confirmé par ces concessions volontaires.

(2) Holtzendorff, *op. cit.*, p. 44.

celte partie de la science juridique. D'autres branches du
droit, par exemple le droit constitutionnel, le droit international privé et pénal, sont avec le droit des gens dans un
rapport assez étroit pour qu'il soit nécessaire de le préciser.
En outre dans les relations entre États, à côté des règles
juridiques, qui seules appartiennent au droit des gens, il y
a des éléments importants, dont il faut tenir compte, sans
les confondre avec les règles du droit. On doit donc séparer
le domaine du droit international public : 1° du domaine
propre à d'autres branches du droit en rapport avec lui, et
2° des matières voisines, la morale, la politique, et la courtoisie internationale, qui, bien que dépourvues de caractère
juridique, sont intimement liées à la vie extérieure des
États.

Ces distinctions, nécessaires pour marquer la limite exacte
du droit des gens, s'imposent avec d'autant plus de force
que la détermination des règles composant le droit international public n'est pas exempte d'incertitude ; en effet,
la recherche n'est plus facilitée par le texte d'une loi, ayant
été l'objet d'une promulgation régulière, et par suite on
risque aisément de confondre la règle de droit avec le précepte de morale, les usages dictés par la courtoisie ou les
indications fournies par la politique. La confusion du droit
des gens avec les matières voisines, juridiques ou non,
paraît encore plus facile, si l'on songe que, dans la pratique
des rapports internationaux, les mêmes organes concourent
à des fonctions diverses: les gouvernements, placés à la
tête des États, ont à la fois le souci des affaires intérieures
et des relations extérieures; ils dirigent la politique étrangère et interviennent dans les rapports juridiques entre
États ; les agents diplomatiques ont aussi la double mission

de veiller aux intérêts de l'État et de défendre ses droits, tout en observant les habitudes de politesse internationale (1).

a. — *Rapports du droit des gens avec d'autres branches du droit.*

1° LE DROIT DES GENS ET LE DROIT CONSTITUTIONNEL.

24. — Le droit public interne et le droit international public s'occupent l'un et l'autre de l'État comme sujet du droit, et c'est pourquoi ils ont le caractère commun de droit *public*. Mais, tandis que le droit administratif, une des branches du droit public interne, a pour objet les rapports de l'État avec ses ressortissants, c'est-à-dire avec des particuliers, le droit international public se réfère aux rapports des États entre eux ; l'État est le sujet unique du droit des gens, il n'est que l'un des termes du droit administratif (2).

Le droit constitutionnel, autre branche du droit public et du droit public interne, se rapproche davantage du droit des gens ; il a pour objet l'organisation de l'État et la constitution des pouvoirs publics nécessaires à son action. Mais comme l'action de l'État se manifeste à deux points de vue, à l'intérieur pour assurer à ses sujets la satisfaction de leurs intérêts particuliers et la réalisation de la tendance individualiste, à l'extérieur pour favoriser les intérêts gé-

---

(1) Cpr. Holtzendorff, *op. cit.,* p. 48.

(2) Nous ne faisons pas mention du droit criminel, que l'on range souvent dans le droit public ; la différence qui le sépare du droit des gens est assez sensible, pour qu'il soit inutile de s'y arrêter.

néraux de l'humanité et le développement de la tendance cosmopolite, le droit constitutionnel doit être consulté, non seulement pour déterminer la capacité des pouvoirs publics agissant dans la sphère du gouvernement intérieur, mais encore pour fixer le rôle de ces mêmes pouvoirs, appelés à représenter l'État dans les relations internationales; c'est lui qui détermine, par exemple, les autorités capables de conclure un traité, de déclarer la guerre ou de faire la paix. Il y a donc, à cet égard, un rapport assez intime entre le droit des gens et le droit constitutionnel; cependant la distinction de leur objet respectif reste encore possible : le droit des gens détermine les droits et les obligations des États dans leurs rapports mutuels, il fixe leur capacité juridique dans les relations extérieures, selon des règles générales, applicables à toute la communauté internationale. Le droit constitutionnel désigne les mandataires de l'État, les pouvoirs qui le représentent dans l'exercice des droits reconnus et, cela, suivant des dispositions variables avec les divers pays. C'est la distinction entre la jouissance et l'exercice d'un droit, distinction nécessaire ici, puisque l'État n'est pas une personne physique (1); il faut un représentant légal pour exercer les droits de l'État et la désignation de ce représentant appartient à la loi constitutionnelle.

(1) Il est facile de faire comprendre notre pensée au moyen d'un exemple ; lorsqu'il s'agit de conclure un traité déterminé, on doit se demander d'abord si les États contractants ont une capacité suffisante à cet effet ; ainsi un État perpétuellement neutre ne peut s'engager par certaines conventions ; cette question est résolue par le droit des gens. Lorsqu'on a reconnu la capacité de l'État, on recherche comment le traité sera négocié, consenti, ratifié, comment on procèdera à sa conclusion : ainsi certains traités doivent

25. — Sans doute les phénomènes de la vie internationale ne sont pas sans influence sur les modifications que subissent les constitutions à l'intérieur d'un pays : l'issue d'une guerre heureuse ou malheureuse a plus d'une fois amené des révolutions intérieures, des changements constitutionnels (1). D'autre part, il est également certain qu'une bonne organisation de l'État, que le développement du droit constitutionnel préparent et facilitent les progrès du droit des gens. En exagérant cette idée on a pu croire que, dans l'intérêt supérieur du droit international public, il était permis d'imposer aux États certaines formes de gouvernement. Ainsi Kant voulait que tous les États fussent gouvernés sous la forme républicaine, c'est-à-dire suivant une constitution qui réserverait aux seuls représentants de la nation le soin de déclarer la guerre (2); en sens contraire, on a vu se manifester des préférences en faveur du régime monarchique. Ces idées ne sont malheureusement pas restées dans le domaine théorique et, dans la pratique, elles se sont traduites par de fréquentes *interventions* dans les affaires intérieures : le Congrès d'Aix-la-Chapelle (1818) a même organisé et réglementé un véritable système d'intervention, dans le but de maintenir en Europe le régime monarchique (3). Ce sont là des idées et des faits contraires au principe de l'autonomie ; ce n'est

être approuvés par les Chambres ; ce sont là des difficultés qui rentrent dans le droit constitutionnel.

(1) La guerre franco-allemande de 1870-1871 a été suivie d'une réforme constitutionnelle en France et en Allemagne.

(2) Kant s'appuie sur cette idée exacte, que le pouvoir autorisé à déclarer la guerre ne doit pas être à l'abri des charges qu'elle suppose. V. Rolin-Jacquemyns, *article cité*, R. D. I., t. I, p. 233.

(3) V. déclaration du 15 novembre 1818, 3° et 4°.

pas au droit des gens qu'il appartient de fixer les règles
fondamentales du droit constitutionnel. L'Assemblée législative, réfutant les prétentions des États monarchiques,
avait raison de dire dans sa déclaration du 22 avril 1792 :
« Chaque nation a seule le pouvoir de se donner des lois
et le droit inaliénable de les changer ». L'État, puisqu'il
prête librement son concours à la formation et au maintien de la communauté juridique internationale, doit pouvoir s'organiser suivant les aspirations de ses membres et
constituer, sans contrôle, les pouvoirs nécessaires à sa double action intérieure et extérieure. Au reste, il faut bien se
persuader qu'un gouvernement, quelle que soit sa forme,
absolue ou représentative, possède une aptitude suffisante
pour remplir son rôle international, du moment où, conscient des obligations qui lui incombent, il a la volonté
de s'y soumettre.

2° LE DROIT DES GENS ET LE DROIT INTERNATIONAL PRIVÉ ET PÉNAL.

26. — On n'est pas d'accord sur la place que doit occuper le droit international privé dans la science juridique : certains auteurs le rattachent au droit national de
chaque État (1); d'autres, au droit des gens (2). La divergence s'explique à raison du double caractère de ce droit,
à la fois *international* et *privé*. Quand on considère de préférence ce fait, qu'il régit des rapports entre particuliers,
c'est-à-dire lorsqu'on envisage surtout son caractère privé,
on est conduit à établir un rapprochement avec le droit

(1) C'est l'opinion de Westlake, *Introduction au droit international
privé*, R. D. I., t. XII, p. 26 et Holtzendorff, *op. cit.*, p. 58, note 5.
(2) Laurent, Lorimer, sont de cet avis ; c'est du reste une opinion
assez répandue.

civil national. Mais si l'on songe qu'il a pour objet de dire dans quels cas, dans quelle mesure, la souveraineté de l'État doit s'effacer devant l'application d'une loi étrangère, on a une tendance toute naturelle à le rattacher plus intimement au droit des gens. Il faut admettre, je crois, que le droit international privé a sa base et son origine rationnelles dans le droit des gens, mais qu'il n'en est pas moins une branche spéciale de la jurisprudence, ayant une place distincte à côté du droit civil national et du droit international public.

27. — Le droit international privé a sa base et son origine rationnelles dans le droit des gens. Il suppose en effet un conflit de souverainetés entre États sur l'étendue d'application de leurs lois respectives ; il s'agit de savoir si la loi d'un État va produire effet dans un autre État. Pour obtenir une solution convenable du problème, pour régler au mieux les rapports entre particuliers de nationalités différentes, les États ont le devoir de se faire des concessions réciproques et d'admettre une limite à leurs souverainetés. Le droit international privé donne donc la mesure de la souveraineté de l'État, en ce qui concerne l'application des lois civiles. En dehors des questions relatives aux conflits des lois, les théories générales, que l'on a coutume d'étudier dans le droit international privé, c'est-à-dire la nationalité, les droits des étrangers, l'exécution des jugements, ont aussi leurs racines dans le droit des gens. C'est encore la souveraineté qui est en jeu, lorsqu'on se demande à quelles conditions l'État doit permettre, sur son territoire, l'exécution des jugements rendus à l'étranger. Pour fixer l'étendue de la souveraineté quant aux personnes, il faut recourir à la détermination des nationaux et

des étrangers, c'est-à-dire à la théorie de la nationalité.
Enfin l'État, membre de la communauté juridique internationale, a des droits et des devoirs spéciaux à l'égard des
étrangers établis sur son territoire : quand on recherche quels avantages on doit leur concéder, quelle doit être
leur condition juridique, le droit des gens répond en principe qu'il y a un minimum de droits, qui ne peut leur être
refusé : ainsi l'État doit assurer à la personne des étrangers
et à leurs biens une protection sérieuse contre tous actes
de brigandage, de piraterie ou de pillage. Si ce minimum
de droits était méconnu, il n'y aurait pas seulement une lésion commise à l'encontre de la personne privée de l'étranger, mais encore une injustice, qui atteindrait l'État et pourrait motiver de sa part de légitimes revendications (1).

Il faut, en outre, remarquer que le droit des gens prête
ses moyens d'action au droit international privé : c'est
entre eux un nouveau point de contact. Les concessions
réciproques des États, pour la solution des conflits de souverainetés, sont consenties d'ordinaire par des traités internationaux ; ce résultat répond parfaitement au but qu'on
se propose en établissant des relations normales entre les
membres de la communauté des États, puisqu'on assure
ainsi la régularité des rapports juridiques entre les ressortissants des divers États, entre tous les hommes, quelle

(1) Ainsi les gouvernements de divers États européens, de l'Angleterre et de la France entre autres, ont exigé de la Turquie le paie-
ment des rançons réclamées par des chefs de brigands, qui avaient
enlevé des nationaux anglais ou français. Il y eut des réclamations
par voie diplomatique. De même, les puissances européennes ont
tout récemment concerté une action commune à l'encontre du gouvernement chinois, pour réclamer des indemnités en faveur de leurs
nationaux, victimes de scènes de désordre ou de pillage. — V. les
journaux aux dates des 25 et 26 août 1891.

que soit leur nationalité. Le progrès du droit international privé peut être considéré comme l'un des postulats du droit des gens.

28. — Cependant le droit international privé ne saurait être confondu avec le droit international public ; c'est une branche spéciale et distincte de la science juridique ; il a pour but de résoudre le conflit qui peut s'élever entre deux *lois* promulguées par des États différents, sur leur application à un même rapport de *droit privé*. Il a donc pour sujets des particuliers ou des personnes morales, envisagées au point de vue de leurs droits privés. Les intérêts à sauvegarder sont différents de ceux du droit des gens ; d'autres principes y dominent, d'autres considérations y apparaissent ; ces intérêts, ces principes, ces considérations sont de même nature que dans le droit privé national : et, à cet égard, on peut dire qu'il y a la même différence entre le droit des gens et le droit international privé qu'entre le droit public et le droit privé de chaque État (1). En outre le droit international privé se réfère à des lois véritables ou à des matières susceptibles d'être législativement organisées : c'est la détermination exacte de l'empire des législations nationales ; aussi les règles positives, formulées par cette branche du droit, peuvent trouver une application pratique devant les tribunaux ordinaires et être entourées d'une sanction juridiquement efficace. Ces remarques suffisent pour distinguer nettement l'objet du droit des gens de l'objet du droit international privé et pour démontrer la nécessité de consacrer une étude distincte à chacune de ces parties de la jurisprudence (2).

(1) Cpr. Holtzendorff, *op. cit.*, p. 51.
(2) Telle est aussi l'opinion de MM. Asser et Rivier, *Éléments de*

29. — On en doit dire autant du droit international pénal, bien que le droit pénal, dans lequel il s'agit de rapports entre l'État et les particuliers, occupe en réalité une place intermédiaire entre le droit public et le droit privé. Le droit international pénal a, lui aussi, sa base et son origine rationnelles dans le droit des gens : les États se prêtent une assistance réciproque pour l'administration de la justice criminelle : toutefois l'application de la législation pénale étrangère sera admise plus difficilement que celle des lois civiles ; car l'État étant intéressé dans le rapport juridique, son action répressive sur un territoire voisin constitue une atteinte plus grave à la souveraineté, que le simple exercice de droits particuliers et privés. Les conventions internationales sont donc plus utiles encore pour régler les concessions réciproques, consenties dans le but de concilier l'intérêt d'une bonne justice avec la souveraineté des États : les traités d'extradition, par exemple, sont conçus dans cet esprit. Cependant, le droit international pénal, lui aussi, est une branche spéciale du droit : il y a toujours un particulier intéressé dans le rapport juridique (1) et il s'agit encore de matières législativement organisées.

En résumé il ne faut comprendre dans l'étude du droit des gens ni le droit international privé, ni le droit international pénal (2).

droit international privé, p. 5 ; Weiss, *Traité élémentaire de droit international privé*, Introd. p. 35 ; Lainé, *Introduction au droit international privé*, t. I, p. 10 et s.

(1) M. Renault, *op. cit.* p. 26 dit « que le droit international public comprend tous les rapports, dans lesquels figure l'État, que l'autre partie soit un autre État ou un particulier ». M. Lainé, *op. cit.*, p. 12 a raison de combattre cette opinion, qui rangerait le droit international pénal dans le droit des gens.

(2) Heffter, *op. cit.*, p. 69-81, indique seulement les principes gé-

*b. — Rapports du droit des gens avec des matières
non juridiques.*

1° LE DROIT DES GENS ET LA MORALE.

30. — Comme dans les autres parties de la science juridique, il faut distinguer le domaine du droit des gens de celui de la morale. Il existe en effet, chez les nations comme chez les individus, un sens moral, une conscience du bien et du mal pour les actes de la vie internationale. Les préceptes de la loi morale ont sur le droit des gens la même influence que sur le droit privé. La conscience morale des nations a généralement préparé la conception d'une organisation juridique et la notion de l'existence des règles positives du droit. On a compris d'assez bonne heure que la bonne foi devait présider aux relations internationales (1) et que la conduite des peuples ne devait pas s'écarter de certains préceptes, dictés par le sentiment moral ou religieux. Le développement de la morale publique concorde avec les progrès réalisés dans le droit des gens : c'est ainsi que le droit moderne de la guerre s'est humanisé ; par exemple, la convention de Genève sur les soins à donner aux blessés peut être considérée comme un des résultats les plus certains de la morale ; il en est de même des prohibitions concernant la traite des nègres (2).

31. — Le domaine de la morale est du reste, dans les relations internationales comme ailleurs, plus vaste que

néraux qui doivent présider à la solution des conflits de souverainetés en matière civile ou criminelle. Cpr. Holtzendorff, *op. cit.*, p. 9.

(1) V. *le Droit des gens dans les rapports de Rome avec les peuples de l'antiquité*, op. cit., n° 68.

(2) Cpr. Holtzendorff, *op. cit.*. p. 63 et 62.

celui du droit. Tout d'abord, les règles juridiques ne doivent pas s'écarter des préceptes de la morale publique ; et, de même que, dans les conventions entre particuliers, on annule toute clause contraire à l'ordre social et aux bonnes mœurs, de même on doit admettre qu'il n'est pas permis de déroger dans les traités aux règles universellement reconnues de la morale (1). Les actes, qui sont indifférents au point de vue moral, sont en général soustraits à toute réglementation juridique, « à moins de motifs particuliers d'utilité sociale (2) ». En outre, il y a des actes qui appartiennent au domaine exclusif de la morale et qui doivent encore demeurer en dehors de l'empire du droit des gens ; ce sont ceux, « dont l'accomplissement ou l'omission emporte approbation, sans qu'une façon d'agir contraire entraîne désapprobation formelle (3) » ; par exemple les actes de bienfaisance internationale, qui se produisent lors de grandes catastrophes, les secours envoyés aux peuples éprouvés par quelque calamité, sont bien conformes à la loi morale, mais ils ne sauraient être l'objet d'une obligation juridique. Enfin il y a des actes qui, tout en appartenant encore au domaine de la morale, sont susceptibles d'être soumis à des préceptes de droit : ce sont ceux « dont l'omission ou la commission entraînent une désapprobation formelle de la morale publique (4). » Parmi ces actes, certains sont déjà réglementés juridiquement, mais d'autres ne sont pas encore l'objet de règles positives ; le droit des gens est, à leur égard, en retard sur le développement de la conscience morale des nations.

(1) Cpr. Holtzendorff, *op. cit.*, p. 63.
(2) Cpr. Aubry et Rau, *op. cit.*, t. I, p. 1, note 1.
(3) Cpr. Aubry et Rau, *loc. cit.*
(4) Cpr. Aubry et Rau, *loc. cit.*

L'empire de la loi morale est aussi plus étendu que celui du droit des gens, au point de vue des sujets qu'elle régit. En effet, l'observation des préceptes de la morale s'impose à tous les peuples, qui en ont conscience, même dans leurs rapports avec ceux qui ne sont pas arrivés à un égal degré de civilisation. Nous verrons plus tard que le droit des gens ne comporte pas une application aussi générale (1).

32. — La distinction entre les préceptes, dictés par la morale publique des nations, et la règle positive, imposée par le droit des gens, est ici particulièrement délicate. On ne peut plus dire, comme dans le droit privé par exemple : le précepte de droit est celui auquel on peut se trouver astreint par une coercition extérieure et physique. Comme il n'existe pas de sanction pratique pour les règles du droit des gens, on est forcé de se contenter d'un critérium plus vague : la règle de droit est celle qui impose une obligation telle, qu'on ne saurait s'y soustraire sans motiver de *justes* réclamations. Il n'est pas permis, au contraire, d'invoquer la non observation d'un précepte moral comme une cause légitime pour des réparations demandées.

2° LE DROIT DES GENS ET LA POLITIQUE EXTÉRIEURE.

33. — La politique extérieure a pour mission de poursuivre un but d'utilité pratique ; elle se propose la défense des intérêts. Les moyens, qui se présentent pour obtenir un résultat utile et avantageux, sont souvent assez variés ; de même que, dans la vie privée, la recherche des intérêts individuels est dirigée de façon différente, suivant les qualités et les tendances de chacun, de même, dans les affaires internationales, la conduite tenue dépend de l'habileté,

(1) V. *infra*, § 6.

de la pénétration, de la science des personnes chargées de diriger la politique extérieure. La prévoyance des hommes d'État indiquera, par exemple, s'il est utile de s'engager dans les liens d'un traité ou dans quelle mesure il convient d'aider au développement d'une nation voisine. Le droit, au contraire, ne permet pas de suivre telle ou telle direction ; il impose des obligations qui commandent d'agir dans un sens déterminé ou de s'abstenir absolument : « le droit prononce et ne laisse pas de choix, la politique offre plusieurs moyens pour atteindre le même but et permet de choisir librement » (1).

34. — Il faut bien se garder toutefois d'établir un antagonisme entre la politique et le droit et on ne saurait trop combattre l'idée, qui ferait consister la politique dans la recherche d'expédients, propres à tourner les règles du droit, dans une rouerie de praticiens, trop habiles à marcher sur les lisières des préceptes juridiques. La politique se préoccupe de l'utilité des États, tandis que le droit s'appuie sur la justice ; il n'en résulte pas, pour cela, un abîme entre les deux matières et il convient de se pénétrer de ce fait, que l'observation du juste aboutit finalement à la plus grande somme d'utilité (2) ; si, parfois, l'apparence semble contraire, c'est que la préoccupation d'intérêts im-

___

(1) Bulmerincq, *Praxis, Theorie und Codification des Vœlkerrechts*, p. 113, cité par Holtzendorff, *op. cit.*, p. 67, note 1. — M. Renault (*op. cit.*, § 11) exprime la même idée : « la politique extérieure est l'art de diriger les affaires étrangères d'un pays. Elle doit s'inspirer des principes du droit, mais il est facile de comprendre que, même en y restant fidèle, il y a bien des manières d'agir ; tout en restant honnête, on peut être prudent ou téméraire, perspicace ou aveugle. »

(2) Cic. *De officiis*, III. Cpr. Accarias, *op. cit.*, *Introduction générale*, p. XVIII.

médiats jette un voile sur des intérêts supérieurs, mais plus éloignés comme réalisation (1). Du reste, la politique doit rester conforme aux préceptes de la morale ; elle ne saurait ni poursuivre un but illicite, ni recourir à des moyens déshonnêtes ; il lui est donc interdit par là même de se mettre en opposition avec les principes du droit.

35. — Dans les limites marquées par le respect dû aux règles positives du droit des gens et aux préceptes de la morale, la politique exerce la liberté de son action et veille non seulement aux intérêts propres à chaque État, mais encore aux intérêts communs et généraux de la communauté internationale. Elle est ainsi l'organe actif de la conciliation des deux tendances rivales qui ont été signalées et elle se présente comme un auxiliaire puissant du droit des gens.

En effet, la politique extérieure surveille et prépare la formation du droit des gens : elle s'efforce de protéger l'autonomie des États contre l'adoption de règles qui viendraient la restreindre sans nécessité et contrairement à leurs intérêts (2) ; elle poursuit l'abrogation des principes dangereux ou contraires à l'intérêt même de la communauté juridique des peuples (3) ; elle réclame l'introduction de préceptes nouveaux, conformes au but du droit des gens, ou s'attache à donner une formule meilleure et plus

(1) C'est pourquoi l'on voit naître, dans la théorie de l'*intervention*, un conflit entre le droit et l'intérêt apparent des États, qui veulent s'immiscer dans les affaires des autres.

(2) C'est ainsi que la politique a fait échouer les tentatives faites dans le but d'établir le droit de visite, contraire à l'indépendance respective des États et au principe de la liberté des mers.

(3) La diplomatie est parvenue à faire proclamer l'abolition de la course.

précise à des règles observées déjà dans la pratique (1).

La politique extérieure a encore pour souci l'application raisonnable et l'usage réfléchi des règles positives du droit des gens. C'est elle qui décide s'il convient d'user rigoureusement de ses droits ou s'il ne vaut pas mieux, dans un intérêt bien entendu, renoncer à certains avantages juridiques, et prévenir ainsi les froissements et les haines, que soulèverait la poursuite tracassière de prétentions inutiles et fondées uniquement sur une étroite exigence des droits acquis.

Enfin la politique extérieure, et ce n'est pas là son rôle le moins utile, est capable de fournir au droit des gens, sinon une sanction efficace, du moins des moyens de protection préventifs. La diplomatie atteint ce but, grâce au maintien ou à la création de rapports politiques tels, que la violation du droit ne puisse jamais pour un État être assurée de n'entraîner aucune conséquence nuisible. Un équilibre des États, maintenu par des alliances légitimes ou grâce à l'action stimulée des sympathies naturelles entre les peuples, amène une répartition convenable des forces et s'oppose à l'arbitraire d'un État puissant, suspendu entre le désir de méconnaître ses obligations et la crainte d'une coalition dangereuse (2).

Ainsi l'on a tort de croire que le droit des gens serait dégradé, s'il était soutenu par des moyens politiques (3).

(1) On peut citer comme exemple les règles de la déclaration de Paris sur le droit de la guerre maritime et les prescriptions contenues dans la déclaration de S*-Pétersbourg.

(2) Cpr. Holtzendorff, *op. cit.*, § 18, *Rapports du droit des gens avec la politique.*

(3) Telle est l'opinion de Bulmerincq, *op. cit.*, p. 48 ; v. l'indication fournie par Holtzendorff, *op. cit.*, p. 67, note 3.

Au contraire, la politique et le droit des gens, bien que différents dans leur essence, sont dans un état d'alliance intime et dans la même harmonie que l'économie politique et les autres branches du droit. Heffter a marqué, en termes exacts, cette liaison étroite : « une politique moralement correcte, dit-il, ne peut jamais faire et approuver ce que réprouve la loi internationale et, d'un autre côté, celle-ci doit admettre ce que l'œil vigilant de la politique a reconnu absolument nécessaire pour la conservation des États (1) ».

3° LE DROIT DES GENS ET LA COURTOISIE INTERNATIONALE.

36. — Dans les relations internationales, en dehors du droit des gens, à côté de la politique et des préceptes de morale, une place spéciale appartient aux égards habituels, aux marques ordinaires de bienveillance et de politesse qui existent dans les rapports des États et constituent ce qu'on appelle la « *comitas gentium* » ou « courtoisie internationale (2) ». De même que dans les rapports entre particuliers, les habitudes de politesse, les façons bienveillantes et les bons procédés ne font point partie du domaine des obligations juridiques, de même la courtoisie des relations internationales, le respect des convenances et le maintien de la politesse échappent à la réglementation obligatoire du droit des gens. Toutefois, il n'est pas douteux que la pratique de la courtoisie internationale et l'observance des usages consacrés par la *comitas gentium* ne favorisent

(1) Heffter, *op. cit.*, p. 7.
(2) La notion de la *comitas gentium* est aussi invoquée dans le droit international privé, où certains auteurs la regardent même comme le fondement des concessions réciproques consenties par les États.

le développement même du droit et ne contribuent à en assurer et à en fortifier l'exercice : en effet, les preuves d'amitié et les marques de bienveillance, que se témoignent les États, apparaissent comme un facteur sérieux de la durée des bonnes relations pacifiques ; le manque d'égards et les procédés contraires à la politesse internationale sont susceptibles de faire naître des ressentiments dangereux, qui s'opposent aux ententes amiables et par suite aux progrès concertés du droit.

37. — La *comitas gentium* n'est pas une source du droit des gens ; elle ne contient que des « usages » ; les États ne sont pas tenus juridiquement de les observer ; ils les respectent seulement par raison politique et par souci du bien public intéressé à la bienveillance courtoise des peuples dans leurs rapports mutuels (1). Mais il est parfois difficile de distinguer de la règle juridique l'usage de convenance relevant de la *comitas gentium*, puisque, dans un cas comme dans l'autre, toute sanction positive fait défaut. Voici cependant un critérium au moins théorique : l'État ne peut formuler de réclamations légitimes contre l'inobservations des convenances internationales ; il n'en serait autrement que dans le cas où le manque d'égards proviendrait d'une volonté consciente et réfléchie de faire une injure à l'État, atteint dans sa dignité (2). Nous avons déjà vu que

(1) Aussi Holtzendorff dit-il que « la *comitas gentium* tient le milieu entre les préceptes de la morale et les règles d'utilité pratique de la politique ». *Op. cit.*, p. 70. — V. au reste tout le paragraphe 19.

(2) On demande d'ordinaire des explications par voie diplomatique à l'État qui a manqué aux usages de convenance, afin de bien établir qu'il n'y a pas eu l'intention mauvaise de faire une injure. C'est ce qui eut lieu, par exemple, lorsque la flotte anglaise, sur laquelle se trouvait le duc d'Edimbourg, oublia récemment de faire les saluts d'usage.

l'on peut élever au contraire de justes prétentions contre la violation d'une règle de droit. C'est le même critérium qui nous avait déjà permis de séparer la règle juridique du précepte moral. Mais alors la difficulté consiste maintenant à distinguer la *comitas gentium* de la loi morale; une différence sensible peut être signalée: la courtoisie internationale en effet ne se conçoit dans l'application que si elle est réciproque; il n'y a pas lieu de se préoccuper des convenances vis-à-vis des peuples qui ne connaissent aucun usage de ce genre. La loi morale est plus exigeante et s'impose au respect unilatéral des États; une nation ne peut s'affranchir des préceptes de morale au regard des peuplades barbares, qui n'ont point encore acquis de notions analogues, tandis qu'elle peut et doit même négliger, vis-à-vis de ces peuplades, des marques de politesse, réservées aux peuples civilisés, capables de les saisir et de les rendre (1).

§ 6. — Limites géographiques du droit des gens.

38. — Nous venons de déterminer les limites du droit des gens relatives à son objet. Quelle est maintenant l'étendue exacte de son empire sur les sujets qu'il régit? Quel est le domaine géographique du droit des gens?

En théorie, le droit des gens est susceptible de recevoir

(1) Les États européens ont souvent intérêt à se plier aux usages particuliers des peuples barbares; c'est à la nation la plus intelligente qu'il appartient de modifier, suivant les besoins, les formes de la politesse et de se prêter, à cet égard, aux habitudes de peuples inférieurs, qui, eux, ne pourraient comprendre le changement.

une application universelle et l'idéal serait même de le
voir régir tous les peuples, qui se trouvent sur la surface
de la terre. Mais, en fait, son empire actuel n'est pas aussi
vaste; il n'a d'application pratique qu'entre les États qui
ont une certaine conscience juridique et possèdent la notion de règles obligatoires pour leurs affaires extérieures.
Le droit des gens suppose la réciprocité; il n'y a de véritables rapports juridiques internationaux qu'entre deux
peuples ayant la volonté d'observer l'un et l'autre la même
règle pour un rapport déterminé et l'application du droit,
dans les relations extérieures de ces deux peuples, s'arrête
au point précis où le développement de leur conscience
juridique cesse d'être commun.

39. — Aujourd'hui encore, il y a des peuples que l'on
peut considérer comme étant tout à fait en dehors du droit
des gens; les peuplades sauvages du centre de l'Afrique,
par exemple, n'ont aucune conception juridique à cet égard,
et, ni dans leurs rapports entre elles, ni dans leurs relations
avec des nations civilisées, i. n'y a place pour l'application
d'une règle de droit. Si les États européens ne se dépar-
tissent pas vis-à-vis d'elles de certains préceptes, c'est
pour demeurer fidèles observateurs de la loi morale et non
parce qu'ils sont juridiquement obligés (1). D'autres peuples, qui possèdent un minimum de conscience juridique,
sont soumis à une application partielle du droit des gens;
il en est qui se sentent au moins tenus par les liens de la

(1) Certains auteurs pensent que le droit des gens doit s'appliquer,
au moins pour partie, à l'égard de peuples quelconques. V. Renault,
op. cit., § 17; Phillimore, *Commentaries upon international law*; Bulmerincq, *op. cit.*; indications fournies par Holtzendorff, *op. cit.*, p. 17,
note 2.

parole donnée, par l'engagement pris dans un traité ; il en est d'autres qui conçoivent des obligations plus étendues et certains États, comme la Chine, le Japon, le royaume de Siam, sont tout prêts d'atteindre le sens juridique des peuples, chez lesquels le droit des gens reçoit sa plus large application (1). C'est dans les États de l'Europe que le droit des gens a d'abord acquis son développement maximum ; aussi l'expression « droit des gens européen » est-elle usitée pour désigner l'ensemble le plus complet des préceptes de droit applicables aux relations extérieures ; on dit encore que les États, soumis à ces règles étendues, constituent le « concert européen ». Cependant, la limite de ce domaine supérieur du droit des gens n'a jamais exactement coïncidé avec les frontières de l'Europe. En effet, avant 1856, la Turquie était encore étrangère au concert européen ; elle n'était pas entrée dans la communauté juridique des peuples les plus civilisés, et, lorsqu'elle fut admise à en faire partie, le droit des gens suivi en Europe avait déjà étendu son domaine sur d'autres continents et notamment sur les États américains (2) issus de colonies européennes.

(1) Ces États ont des représentants officiels auprès des gouvernements européens.

(2) La distinction indiquée au texte, relativement à l'application pratique du droit des gens, répond à peu près à la division des peuples en trois groupes, proposée par M. Lorimer (*op. cit.*, t. I, p. 161) et comprenant l'humanité civilisée (domaine d'application du droit des gens européen), l'humanité barbare (États asiatiques où l'application du droit des gens n'est que partielle), l'humanité sauvage (peuplades étrangères à toute notion juridique). — Il nous paraît par ailleurs inutile de distinguer avec Holtzendorff diverses unions juridiques pour l'application du droit des gens : 1° Union des anciens États européens, dont le Congrès de Vienne a réglé l'arrangement territo-

40. — Grâce à l'accroissement des colonies et au progrès de la civilisation, le droit des gens étend peu à peu son empire. Chaque acquisition coloniale de territoires nouveaux est pour lui une conquête ; les États, acquis partiellement aux préceptes juridiques, se rapprochent du degré de culture des peuples européens ; ceux qui n'avaient aucune notion du droit commencent à posséder le minimum de conscience juridique, suffisant pour permettre l'application de quelques règles élémentaires (1). On peut donc affirmer que le domaine effectif du droit des gens tend à se rapprocher de son domaine théorique.

§ 7. — Définition et dénomination.

41. — Les diverses observations présentées jusqu'ici me permettent de proposer la définition suivante : *le droit des gens est l'ensemble des règles observées dans les rapports respectifs des États, ayant la conscience et la volonté d'être soumis à des obligations juridiques.*

Cette définition exprime le caractère positif du droit des gens, sans tenir compte du droit naturel, qui relève exclusivement de l'étude scientifique ; elle limite en même temps l'objet propre du droit des gens, borné aux rapports entre

rial ; 2° Union de ces États et des colonies du nouveau monde ; 3° Union existant depuis 1856 entre la Turquie et les anciens États de l'Europe ; 4° Union basée sur des conventions spéciales entre des États européens et des États américains ou asiatiques. V. Holtzendorff, *op. cit.,* p. 17 ; Cpr. au surplus les paragraphes 3, 4 et 5.

(1) Les nombreuses conventions passées avec les peuplades de l'Afrique leur apprennent à concevoir la notion d'un engagement juridique.

les États, et laisse au droit international privé ou pénal le règlement des rapports où se trouvent intéressés des particuliers ; elle marque enfin l'étendue pratique de son application, restreinte aux seuls États qui ont accepté de se soumettre à des règles de droit. Beaucoup d'auteurs ont présenté d'autres définitions ; je les crois moins exactes et toutes sujettes à quelque critique (1).

42. — Avec une définition précise, la recherche d'une dénomination convenable n'a plus qu'un intérêt secondaire. Aussi est-il permis, je crois, d'employer à volonté, pour désigner la partie de la science juridique qui traite des rapports entre États, ou bien l'expression de *Droit des gens*, ou bien celle de *Droit international public*. Cependant l'une et l'autre méritent quelque reproche.

L'expression « droit des gens » est équivoque et risque d'amener une confusion avec le *jus gentium* des Romains. Ce dernier terme avait d'ailleurs à Rome des acceptions diverses : tantôt il fonctionnait comme synonyme de *jus naturale* et désignait le droit communément observé chez tous les peuples ; tantôt, dans un sens plus précis, peut-

---

(1) M. Pradier-Fodéré (*op. cit.*, t. I, n° 1) rapporte ces diverses définitions : les unes ont le tort de comprendre dans une même formule le droit des gens positif et le droit des gens naturel ; d'autres renferment inutilement l'idée de sources déterminées. Les seules qui méritent d'être retenues sont : 1° celle de Bulmerincq : « le droit des gens est l'ensemble des règles de droit qui se forment touchant les rapports entre États » (Cette définition est aussi rappelée par Holtzendorff, *op. cit.*, p. 7, note 1) ; 2° et celle de Renault, *op. cit.*, § 6 : « le droit des gens ou droit international public est le droit des nations ou des États, l'ensemble des règles destinées à concilier la liberté de chacun avec celle des autres ». Ces deux définitions me paraissent toutefois moins complètes et moins précises que celle proposée au texte.

être dérivé de l'acception précédente, le *jus gentium* comprenait cette partie du droit romain, qui pouvait être appliquée, même dans les rapports avec les pérégrins, par opposition au *jus civile*, dont le bénéfice était réservé aux seuls citoyens romains (1) ; enfin les mots *jus gentium* s'appliquaient aux règles observées dans les relations entre peuples différents (2).

Pour éviter toute confusion, un auteur anglais, Zouch, avait proposé de dire *jus inter gentes* (3). La traduction littérale de cette expression a fourni à d'Aguesseau celle de « droit entre les gens (4) », et à Bentham la dénomination mieux accueillie de « droit international (5) ». Il importait toutefois de préciser cette dénomination et de distinguer le droit des gens proprement dit des règles relatives aux rapports entre particuliers de nationalités différentes ; on a eu recours, dans ce but, à la distinction, déjà opérée dans le droit national, entre le droit public et le droit privé ; et c'est ainsi qu'on a séparé le « droit international privé » du « droit international public ».

(1) Dans l'article 11 du Code civil, les mots « droits civils » sont encore employés, au moins dans l'opinion de la jurisprudence, par opposition à la partie du droit qui n'est pas spéciale à tel ou tel peuple et constitue le droit des gens, selon le sens ordinaire de *jus gentium* à Rome.

(2) V. 1. 17, Dig. L. 7 ; V. l'article déjà cité sur *Le droit des gens dans les rapports de Rome avec les peuples de l'antiquité.*

(3) V. Holtzendorff, *op. cit.*, p. 10, note 2 et p. 374 (Holtzendorff-Rivier, § 90).

(4) D'Aguesseau, *Œuvres*, éd. de 1756, t. IV, p. 267.

(5) L'expression de Bentham « international Law » est devenue en langue française « droit international », grâce à Étienne Dumont, un Genevois ami de Bentham. Holtzendorff-Rivier, *op. cit.*, § 109, p. 436.

Malgré l'adjonction de l'épithète, cette dernière expression n'offre pas encore toute la précision désirable : elle n'indique pas assez nettement que le droit international public est restreint aux rapports entre États, à l'exclusion du droit pénal international ; le droit criminel est en effet considéré par beaucoup d'auteurs comme une branche du droit public (1).

Malgré ces réserves, il vaut mieux conserver soit la dénomination de « droit des gens », en observant qu'elle ne correspond pas au sens ordinaire du *jus gentium* des Romains, soit l'expression « droit international public », à la condition de ne l'étendre qu'aux rapports entre les États (2). Il est inutile de rechercher d'autres dénominations, difficiles à faire accepter, puisqu'on est surtout habitué dans la pratique aux deux expressions qui viennent d'être indiquées (3).

(1) Au reste la division du droit interne en droit public et droit privé n'est pas à l'abri de toute critique. V. Aubry et Rau, *op. cit.*, t. I, p. 3, note 1.

(2) M. Renault (*op. cit.*, § 5) reconnaît que les deux expressions sont synonymes, mais avec une réserve, qui semble assez difficile à justifier. « Nous considérons, dit-il, les deux expressions comme synonymes, en faisant remarquer que « droit des gens » correspond plutôt à la partie théorique du sujet et « droit international » à la partie pratique, le premier indiquant ce qui doit être et le second ce qui est ». — V. à cet égard Holtzendorff-Rivier, *op. cit.*, p. 377, note 2.

(3) On trouve encore employée l'expression « droit public externe ». La dénomination allemande est *Vœlkerrecht* ; les Anglais se servent des mots *law of nations, international law* ; dans les autres pays on trouve la traduction des termes droit des gens ou droit international public.

§ 8. — Les « sources » du droit des gens : distinction nécessaire.

43. — Dans l'étude du droit des gens, comme dans celle de toute autre branche de la science juridique, il est nécessaire de connaître les modes de formation du droit et les documents propres à fournir la formule des règles usitées. Il y a là deux questions différentes, bien qu'une expression commune puisse servir à les désigner ; en effet, lorsqu'on parle des *sources* du droit, on fait allusion tantôt aux modes de formation, tantôt aux documents qui servent à la connaissance des préceptes reçus (1). Cette double acception du mot « sources » a eu pour conséquence regrettable de jeter un peu de trouble dans l'exposé de beaucoup d'auteurs : ils ont placé parfois sur la même ligne, sans grand discernement et un peu pêle-mêle, ce que l'on pourrait appeler les « sources créatrices du droit » et les « sources documentaires des règles de droit ». Pour écarter toute confusion, il paraît préférable de renoncer à l'expression ambiguë de « sources » et de distinguer nettement :

1° Les modes de formation du droit des gens ;

2° Les instruments servant à la connaissance du droit des gens.

---

(1) L'énumération, que Cicéron nous donne des *fontes juris* en droit romain, se réfère aux instruments servant à la connaissance des règles du droit ; ce sont les « *tabulæ, testimonia, pacta conventa, quæstiones, leges, senatusconsulta, res judicata, decreta, responsa* ». V. *De Orat.*, II, 27. — Cpr. ce que dit Cuq sur les sources du droit romain, *op. cit.*, p. 4.

§ 9. — Modes de formation du droit des gens.

44. — Le droit des gens, malgré son caractère positif, n'est pas, comme on le sait déjà, l'œuvre d'une autorité supérieure régulièrement constituée ; il n'y a pas de législateur international, chargé de dicter des règles obligatoires pour les États. Mais l'autorité législative n'est pas le seul mode générateur du droit ; dans les autres branches de la jurisprudence, et en particulier dans le droit privé, le pouvoir législatif a manifesté son activité assez longtemps après un autre mode de formation du droit ; la coutume, en effet, a commencé par fixer des règles essentielles, elle a donné naissance à la partie la plus profonde du droit. Le pouvoir législatif, qui reçut pour mission première de constater les règles émanées de la coutume, n'entraîna pas la disparition immédiate de ce mode de formation : la coutume et le pouvoir législatif ont agi d'abord concurremment, et le pouvoir législatif n'a réussi que beaucoup plus tard à dominer, puis à faire disparaître tout à fait l'autorité de la coutume.

45. — Il n'est donc pas surprenant de voir la *coutume* contribuer à la formation du droit des gens. A côté de la coutume, une place appartient aux *traités*, dans lesquels les États s'engagent à reconnaître et à observer certains préceptes, comme règles applicables à leurs rapports mutuels.

On considère parfois comme un mode spécial de formation du droit ce qu'on appelle la « reconnaissance (1) » ;

(1) On parle aussi, à ce propos, de *communis consensus* ou de « conscience juridique concordante ». V. Holtzendorff, *op. cit.*, p. 89.

elle aurait créé toutes les règles « dont l'existence s'impose à la conscience juridique générale des nations (1) ». Par le seul fait que les États acceptent de faire partie d'une communauté internationale, il y a, dit-on, des règles indispensables, qu'ils reconnaissent et qu'ils sont tenus de respecter ; et, lorsqu'un État nouveau entre dans la communauté, il reconnaît du même coup toutes les règles nécessaires et se soumet à leur observation. A mon avis « la reconnaissance » n'est autre chose que la condition fondamentale du caractère positif des règles admises dans le droit des gens ; ce droit n'a de valeur pratique que si les États reconnaissent qu'ils font partie d'une communauté juridiquement organisée, et il n'y a de règles obligatoires, que celles jugées nécessaires à l'existence et au maintien de cette communauté.

La « reconnaissance » domine tout le droit des gens, et par suite les modes de formation de ce droit; c'est un élément essentiel, que l'on devra retrouver dans chacun de ces modes; mais elle ne constitue pas elle-même, à proprement parler, un mode spécial de formation du droit, ayant un rôle distinct de la coutume et des traités. Si l'on voulait considérer la « reconnaissance » comme une cause génératrice du droit, il faudrait alors ajouter qu'elle est la cause unique, et qu'elle se manifeste soit dans les faits de l'usage, soit dans les déclarations expresses des traités (2). Il vaut mieux laisser la reconnaissance dans son rôle de condition nécessaire au caractère positif du droit des gens et la distinguer des modes de formation du droit, qui la présupposent : la coutume et les traités. En d'au-

(1) Holtzendorff, *op. cit.*, p. 87.
(2) V. Renault, *op. cit.*, § 23.

tres termes, les préceptes du droit des gens sont positifs, parce qu'ils sont admis et « reconnus » par les États, conscients de leur nécessité et ayant la volonté de les respecter ; mais ils s'introduisent dans la pratique grâce à la succession de faits constitutifs d'une coutume, ou grâce à une convention exprimant un consentement général.

46. — On pourrait être tenté, en présence de ces deux causes génératrices du droit des gens, de distinguer ici, comme en d'autres matières, le *jus non scriptum* (la coutume) et le *jus scriptum* (les traités) (1). Mais cette distinction, sans utilité, aurait l'inconvénient d'être inexacte ; en effet le droit écrit est le droit formulé et promulgué par une autorité constituée dans ce but; le *jus scriptum* n'existe donc pas en réalité dans le droit des gens, où nous avons constaté l'absence de toute autorité législative.

a. — La coutume.

47. — Les règles coutumières du droit des gens comprennent toutes celles qui se sont manifestées par la pratique et qui, à raison d'un usage bien établi, ont été admises comme juridiquement obligatoires dans les rapports entre États. La formation d'une coutume internationale est d'une analyse assez délicate. Elle consiste essentiellement dans la répétition et la continuité de façons d'agir semblables pour une situation déterminée. Étant donnée une relation internationale, les peuples intéressés ont agi dans un certain sens ; puis, chaque fois que la même relation s'est renouvelée, la conduite tenue a été identique ; devant cette

(1) V. Renault, *op. cit.*, § 12.

répétition d'actes semblables, on a pu croire que la conduite adoptée répondait exactement aux nécessités de la situation et l'on a reconnu qu'il fallait toujours observer la même façon d'agir. Dès lors une règle de droit était née; la pratique habituelle en avait d'abord révélé l'utilité; puis la conscience des États avait senti qu'une obligation juridique devait s'imposer, et elle avait accepté de s'y soumettre.

48. — De même que la coutume a engendré la partie la plus profondément nationale du droit privé, de même elle a donné naissance, dans le droit des gens, aux règles les plus stables, et créé la partie véritablement nécessaire du droit international public : ainsi le droit des gens maritime, les règles du droit des gens en temps de guerre, celles qui concernent les agents diplomatiques, sont des émanations de la coutume ; ces exemples suffisent à démontrer l'importance de ce mode de formation du droit.

Les préceptes coutumiers reposent sur les fondements les plus solides et les moins contestables. En effet l'observation d'une règle s'impose avec beaucoup plus de force au respect des États, lorsque la pratique en a démontré expérimentalement la nécessité ; on a raison d'affirmer que le « propre du droit des gens, c'est que, plus que toute autre branche de la jurisprudence, il a sa source dans la coutume » (1).

49. — Il n'est pas besoin, pour établir l'existence d'une règle coutumière, de démontrer que les États ont eu conscience d'agir sous l'empire d'une obligation juridique. La répétition constatée d'actes semblables suffit à l'établissement d'un usage générateur d'une règle de droit, pourvu

_____

(1) Kaltenborn, *Kritik des Vœlkerrechts*, citation d'Holtzendorff, *op. cit.*, p. 97, note 7.

que cet usage se réfère à une matière susceptible d'une réglementation juridique et rentrant dans l'objet propre du droit des gens ; on doit supposer que les États ont déterminé leur conduite avec intelligence et dans la pensée que leurs actions répondaient aux nécessités exigées pour le maintien de la communauté juridique existante entre eux. Toutefois il ne suffit pas qu'un seul État ait toujours agi suivant une ligne de conduite déterminée dans ses rapports avec les autres États ; la répétition unilatérale d'actes émanant d'un État unique ne crée pas de règle obligatoire, non seulement pour les autres États qui n'ont pas suivi l'exemple donné, mais encore pour l'État même, qui est l'auteur de pareils actes. Pour qu'il y ait véritablement une règle coutumière, la réciprocité est nécessaire ; il faut trouver l'usage habituel de certains actes dans les rapports entre États quelconques ; il faut que la pratique révèle une habitude commune dans les relations internationales entre les États.

50. — Lorsqu'on invoque l'existence d'une règle coutumière à l'encontre d'un État déterminé, doit-on établir la participation de cet État aux actes constitutifs de l'usage ? Autrement dit, la règle est-elle applicable à un État, dans la conduite duquel on ne peut relever aucun acte conforme à la coutume suivie par les autres peuples ? Il n'existe aucun doute dans certaines hypothèses ; par exemple, l'État a reconnu l'existence de la règle coutumière, soit dans un traité, qui la suppose ou la confirme expressément, soit dans une loi nationale par lui promulguée et destinée à en assurer l'application dans les limites de sa souveraineté ; il est certain alors que la règle coutumière est opposable à cet État, bien que celui-ci n'ait jamais contri-

bué à sa formation par un acte constitutif de l'usage. Mais en dehors d'une accession formelle de l'État à la règle née de la coutume, il faut encore admettre qu'il se trouve tenu de l'observer, si elle appartient à l'ensemble des préceptes régissant la communauté juridique dont il fait partie : du moment où l'État est entré dans le concert des nations civilisées, il se trouve lié par toutes les règles positives, dont l'usage commun a démontré la nécessité pour les relations extérieures (1).

51. — La coutume, comme mode de formation du droit, offre des avantages incontestables. Le droit coutumier, suivant une remarque déjà faite, constitue la partie la plus stable du droit des gens ; il est, de plus, susceptible d'un progrès régulier et continu : la coutume laisse au droit des gens un libre développement dans un sens ordinairement conforme aux exigences les plus rationnelles. Un autre motif contribue d'ailleurs à augmenter la valeur des règles imposées par l'usage ; la coutume est en effet alimentée ou influencée par toutes les forces vives, qui participent à la vie internationale : les préceptes de la loi morale,

(1) Ainsi un État, qui, n'ayant jamais eu d'accès à la mer, deviendrait maintenant, par extension territoriale, une puissance maritime, se trouverait tenu au respect des règles coutumières, relatives au droit des gens maritime. L'opinion, soutenue au texte, n'est complètement exacte qu'à l'égard des États faisant partie du « concert européen » ; elle comporte une restriction pour les États qui ne sont que partiellement soumis à l'application du droit des gens : une règle coutumière observée en Europe ne s'étend pas nécessairement à ces derniers ; il faut qu'elle réponde au développement de leur conscience juridique, de sorte qu'il est préférable de consulter les usages moins étendus de ces peuples, plutôt que les coutumes perfectionnées des États européens et de s'arrêter au point où ces usages cessent d'atteindre ceux du monde plus civilisé.

l'autorité et la science des jurisconsultes et des publicistes appliqués à l'examen et à la critique du droit des gens, le sens pratique et l'habileté politique des diplomates, les lois nationales et les décisions des tribunaux, les traités eux-mêmes concourent à la naissance ou à la consolidation des règles coutumières. La conscience juridique des États, influencée par ces éléments divers, est ainsi conduite à juger préférable une certaine ligne de conduite et par suite à reconnaître comme obligatoire l'observation de cette façon d'agir. On a résumé l'idée en disant que « l'idéal du règlement des affaires internationales réside dans une coutume que guideraient la morale, les mœurs et la science »(1).

La coutume n'agit pas seulement comme force créatrice d'une règle de droit ; elle est encore capable d'une action inverse et peut amener par « désuétude » la disparition d'une règle précédemment établie (2) ; tantôt la désuétude est pure et simple, c'est-à-dire que la règle disparaît, sans qu'aucun autre effet se produise ; tantôt l'abrogation d'un précepte coutumier est la conséquence de l'admission d'un précepte nouveau, introduit par l'usage et contraire au précédent. Dans les deux cas l'abrogation a chance de s'opérer assez facilement, sans contestation, ni secousse ; c'est là encore un avantage appréciable, surtout si l'on établit une comparaison avec ce qui se passe pour les règles conventionnelles, issues des traités.

La coutume, à côté de qualités précieuses, présente un grave inconvénient : la preuve de l'existence d'une règle coutumière est difficile à fournir, ainsi que la détermination exacte de l'étendue et de la portée des préceptes reçus. La

(1) Holtzendorff, *op. cit.*, p. 112.
(2) Cpr. Holtzendorff, *op. cit.*, p. 93.

connaissance du droit coutumier manque de certitude et sa formule en est souvent fuyante ; aussi les États, sous la pression d'un intérêt particulier, sont-ils parfois enclins à nier la réalité d'une règle établie par l'usage ou à en contester la teneur. La recherche des documents propres à contenir l'expression des règles de droit a par suite une importance plus grande à l'égard de la partie coutumière du droit des gens.

b. — *Les traités.*

52. — Les règles de droit, émanées des traités, ont au contraire l'avantage de se présenter avec toute la certitude désirable : elles trouvent en effet une expression formelle dans le texte même, qui relate l'accord et le consentement des États, et contient la formule du précepte conventionnel. Cependant les traités ne méritent pas, comme l'ont affirmé certains auteurs (1), de prendre un rang supérieur à celui de la coutume (2).

Tout d'abord, on peut faire remarquer que la force obligatoire des traités et leur valeur même, comme mode de formation du droit, dérivent de la coutume ; c'est elle qui a fini par imposer comme une règle de droit le respect des conventions conclues entre les États.

(1) V. entre autres Calvo, *Droit international*, I, § 29 : « Dans tous les cas, dit-il, et quelle que soit la nature ou la portée de leurs stipulations, les traités sont incontestablement la source la plus importante et la plus irrécusable du droit international ».

(2) D'après Holtzendorff, *op. cit.*, p. 111, « la reconnaissance et la coutume sont au premier rang des sources du droit des gens général et positif et dépassent de beaucoup la portée des traités ».

De plus la partie conventionnelle du droit des gens a moins de stabilité que les préceptes coutumiers ; elle comprend plutôt les éléments mobiles et transitoires du droit international : « les traités, a-t-on dit, reflètent les hésitations du droit, plutôt qu'ils ne créent un droit durable (1). » La règle conventionnelle a besoin, nous reviendrons plus loin sur cette idée, de trouver dans l'usage l'occasion de s'affermir ; la pratique est comme la pierre de touche de la valeur des préceptes juridiques issus des traités, parfois consentis sous l'influence de préoccupations trop immédiates et dans une vue trop bornée par les intérêts actuels (2).

Au surplus les traités ont moins de stabilité, lorsqu'ils ont été imposés par la force et la supériorité matérielles d'un État ou d'une coalition d'États ; plus solides au contraire sont les traités que les États ont acceptés volontairement et avec réflexion : c'est heureusement le cas le plus habituel de ceux qui ont donné naissance à des règles de droit international.

33. — Toutes les conventions entre États ne sont pas, en effet, génératrices de préceptes juridiques. On doit distinguer, à cet égard, deux catégories de traités : les traités *spéciaux* et les traités *collectifs*.

Les premiers ont le caractère d'actes juridiques conclus par un nombre limité d'États, pour leurs intérêts particuliers ; il s'agit tantôt d'une transaction, tantôt d'un différend à résoudre ; parfois on cherche à fixer la situation politique ou territoriale de deux ou plusieurs États, parfois on se propose de faire droit à certaines réclamations ; comme exemple, on peut citer : les traités de paix

(1) Holtzendorff, *op. cit.*, p. 145.
(2) Cpr. Holtzendorff, *op. cit.*, p. 140 et 141.

et d'alliance, les conventions de limites, les accords établissant une servitude sur un État au profit d'un autre, les conventions d'arbitrage, les règlements d'indemnités, etc. Ces traités se rapprochent des conventions entre particuliers ; leur objet se borne à la solution d'affaires spécialisées, d'avance connues et précisées ; leurs dispositions s'appliquent exclusivement aux questions qui ont motivé la convention internationale et elles ne sauraient servir pour résoudre dans l'avenir les difficultés non prévues au contrat ou pendantes entre d'autres États que les contractants ; l'objet spécial du traité limite de lui-même le nombre des États appelés à y participer. Ces traités ne sont pas générateurs de règles internationales ; leur observation, leur maintien et leur abrogation concernent les contractants, et quelle que soit l'obligation existante entre eux, la disposition du traité n'aura pas un caractère de généralité suffisant pour constituer une règle du droit des gens. Le traité fera la loi des parties, comme les conventions pour les particuliers ; car c'est précisément une des règles du droit international de permettre aux États de conclure entre eux des actes juridiques, capables de les lier.

54. — Certes il y a parfois dans ces traités des clauses de nature à intéresser, dans une certaine mesure, tous les membres de la communauté internationale. Par exemple, un traité de frontières entre deux puissances voisines s'impose au respect des autres États ; ceux-ci doivent tenir compte de l'échange de territoires qui peut en résulter (1),

(1) Si, par exemple, une guerre éclate entre l'un des États signataires du traité et un autre État, celui-ci devra respecter la frontière tracée et ne pas violer la neutralité du second État contractant, étranger aux hostilités.

tout comme les tiers, dans le droit privé, obligés en principe de respecter le transfert de propriété consenti par le vendeur à l'acheteur. De même un traité, qui crée une union politique entre plusieurs États indépendants, intéresse les relations des autres membres de la communauté, puisqu'il donne naissance à un sujet du droit des gens, à une nouvelle personne juridique dans le monde international. Mais le traité n'est pas pour cela générateur d'une règle de droit (1) ; les stipulations du traité de frontières ou d'union n'ont pas pour résultat de faire apparaître des préceptes nouveaux ; elles se meuvent au contraire dans la sphère d'application normale des règles existantes, d'origine coutumière ou conventionnelle. Ce sont des actes prévus et réglementés, des phénomènes très réguliers de la vie juridique internationale.

55. — Ces traités, qui ont la valeur d'actes juridiques relatifs aux intérêts spéciaux des parties en cause et ne sont pas par eux-mêmes créateurs de règles de droit, ne restent pas cependant sans influence sur la formation du droit des gens. D'abord ils peuvent aider à la consolidation d'une règle conventionnelle récemment établie ; lorsque les États appliquent dans des traités particuliers une règle, issue d'un traité collectif, c'est que la pratique accepte cette règle ; l'usage vient ratifier le précepte conventionnel (2).

(1) Holtzendorff semble considérer les traités de cette nature, susceptibles d'intéresser les tiers, comme ayant un caractère mixte et comme pouvant contribuer, dans une certaine mesure, à la formation du droit des gens, *op. cit.*, p. 102 et 103. Tel n'est pas mon avis ; si ces traités sont opposables à des États non contractants, c'est à raison de la nature particulière de certaines questions ; mais ils n'introduisent pas dans le droit des gens de règles nouvelles.

(2) C'est ainsi que les principes du Congrès de Vienne sur la na-

En outre les traités spéciaux peuvent, dans le droit des gens, contribuer, comme les conventions entre particuliers dans le droit privé, à l'établissement de règles nouvelles. Ainsi dans les conventions privées, si les parties, à propos d'un acte juridique déterminé, prennent l'habitude d'insérer certaines clauses et les reproduisent identiques dans tous les contrats ayant le même objet, ces clauses « de style », devenues usuelles, s'élèvent à la hauteur d'une règle de droit ; on arrive à les sous-entendre et à les appliquer « naturellement » à l'acte juridique, à moins que les parties n'aient pris soin de les écarter par une déclaration expresse. Telle est en droit romain l'origine probable de l'obligation légale imposée au mari de restituer la dot et celle de l'action *rei uxoriæ*, qui la sanctionne (1). De même, si dans le droit international des traités se multiplient sur le même objet, ils contiendront sans doute des clauses semblables et auront tendance à s'uniformiser sur certains points. Ces stipulations, reproduites dans toutes les conventions de même nature, ces clauses de style auront la valeur d'une règle de droit, applicable désormais à la matière du traité, sauf déclaration .contraire (2).

vigation fluviale ont été appliqués dans un certain nombre de conventions intervenues entre les États riverains des divers fleuves « internationaux ».

(1) On avait en effet pris l'habitude d'exiger du mari, au moment de la constitution de la dot, une promesse expresse de restitution ; la promesse fut sous-entendue par la suite et devint l'obligation légale de restituer.

(2) On pourrait trouver des exemples intéressants dans les traités se référant à des matières de droit international privé ou pénal, dans les traités d'extradition notamment. Cpr. Renault, *op. cit.*, § 25. — Dans le droit international public proprement dit, il convient de mentionner les clauses insérées dans diverses conventions pour

Il ne faut pas se tromper toutefois sur l'origine véritable d'une semblable règle, ni la regarder comme conventionnelle : chacun des traités, pris à part, n'a pu la faire naître ; c'est leur ensemble, ou plutôt leur succession qui l'a formée ; elle doit son origine à la répétition d'une clause déterminée, à l'identité plusieurs fois reproduite de divers traités sur un même point ; c'est une règle née de la coutume : les traités multiples et successifs ne sont que les éléments constitutifs de l'usage.

56. — Il existe une autre catégorie de traités qui, cette fois, concourent directement à la formation du droit des gens et sont un véritable mode générateur de préceptes juridiques. Il s'agit des traités collectifs, conclus entre des États, dont le nombre n'est pas limité par l'objet du traité ; ils ont pour but des règles applicables, même dans l'avenir, à certains rapports internationaux. Les États se concertent pour apporter, dans l'intérêt général de la communauté, une entrave à leur liberté propre ; ils consentent expressément à se soumettre désormais à l'observation d'une règle nouvelle, qu'ils croient nécessaire à la bonne organisation de leurs rapports mutuels. Ainsi la déclaration du Congrès de Paris de 1856 sur le droit maritime, la convention de Genève du 22 avril 1864 pour l'amélioration du sort des blessés, la déclaration de St-Pétersbourg de 1868 sur les balles explosibles ont introduit des préceptes nouveaux

assurer dans les détroits maritimes la liberté de la navigation, sans péage ; de même le principe généralement admis, en vertu duquel le seul fait de la déclaration de guerre annule tous les traités conclus auparavant entre les belligérants, provient sans doute de ce qu'on a pris l'habitude d'insérer dans les traités de paix une clause formelle pour faire renaître les traités antérieurs.

dans le droit international public. Ces traités ne sont plus seulement des actes juridiques relatifs aux intérêts des États en cause ; ils se rapprochent du caractère des lois, en ce sens qu'ils disposent même pour l'avenir et en vue d'une application aussi générale que possible. Toutefois il n'y a pas analogie complète avec les lois : les parties contractantes en effet ne représentent pas une autorité supérieure, capable de commander aux autres membres de la communauté internationale ; les dispositions insérées dans les traités, même collectifs, ne lient provisoirement que les puissances signataires et il se peut que la règle ne soit pas immédiatement obligatoire pour tous les États : ceux qui n'ont pas participé à la conclusion du traité échappent en principe à ses prescriptions (1). Le traité, générateur de droit, n'en a pas moins un caractère bien défini ; il a pour mission de formuler une règle, à laquelle pourront accéder ultérieurement tous les États non représentés ; cette accession est même un *desideratum* dans l'esprit des parties qui ont pris l'initiative du traité (2) ; elle aura lieu d'une manière expresse ou tacite : l'adhésion sera expresse, si l'État, d'abord étranger à la convention, consent ensuite

(1) Sur ce point la coutume, comme mode de formation du droit, est encore supérieure au traité ; la règle coutumière, une fois née, s'impose sans distinction à tous les États. V. *suprà*, n° 50. Lorsqu'il s'agit d'une règle conventionnelle, il y a toujours lieu de rechercher en fait son étendue d'application.

(2) La déclaration de Paris du 16 avril 1856 exprime en terminant ce desideratum : « Les gouvernements des plénipotentiaires soussignés s'engagent à porter cette déclaration à la connaissance des États qui n'ont pas été appelés à participer au Congrès de Paris et à les inviter à y accéder. — Convaincus que les maximes qu'ils viennent de proclamer ne sauraient être accueillies qu'avec gratitude par le monde entier, les plénipotentiaires soussignés ne doutent pas

à donner sa signature (1) ; elle sera tacite si l'État se borne à observer en fait dans ses relations juridiques les dispositions du traité ; la pratique, même unilatérale d'un État, vaudra, de sa part, soumission volontaire à une règle de droit ; l'usage aura donc servi à étendre en pareil cas le champ d'application d'une règle conventionnelle.

57. — Les traités, concertés dans le but de formuler des préceptes juridiques, ne sont jamais secrets ; la règle de droit commande ouvertement à tous et a besoin de la plus grande publicité (2). On admet aussi que ces traités doivent être rédigés par écrit (3).

58. — La valeur de pareils traités et leur influence effective sur les relations internationales dépendent des circonstances et des conditions dans lesquelles ils sont intervenus.

Tantôt le traité ne fait que constater une règle coutumière déjà établie, bien que contestée peut-être dans sa

que les efforts de leurs gouvernements pour en généraliser l'adoption ne soient couronnés d'un plein succès ».

(1) V. les nombreuses adhésions à la déclaration de Paris (1856) dans Heffter, *op. cit.*, Appendice, IX, p. 509.

(2) On a même soin en général de bien faire ressortir les préceptes juridiques introduits dans les traités ou confirmés par eux. V. par exemple l'article 15 du traité de Paris (30 mars 1856) : « ..... Les puissances déclarent que cette disposition fait désormais partie du droit public de l'Europe et la prennent sous leur garantie ».

(3) Peut-être pourrait-on contester en théorie la nécessité d'un écrit ; mais il est certain que cela est préférable, et en fait tous les traités de cette nature ont été l'objet d'une rédaction écrite. — Holtzendorff (*op. cit.*, p. 100) ajoute que de pareils traités ne sauraient être conditionnels ; cependant les États contractants pourraient fort bien subordonner la naissance et l'application de la règle concertée entre eux à l'adhésion ultérieure d'États non représentés lors de la conclusion du traité.

teneur et son étendue exactes (1). Il lui donne ainsi, et c'est un avantage appréciable, la certitude et la précision qui lui manquaient ; mais en revanche la règle risque de perdre son caractère de stabilité, en participant à la nature trop souvent temporaire et provisoire du traité lui-même. Qu'arriverait-il, en effet, si le traité était ensuite résolu ? La règle conserverait-elle, comme précepte coutumier, la force obligatoire qu'elle avait avant la conclusion du traité ? Ou bien devrait-on la considérer comme entièrement abrogée par la disparition du traité ? En théorie on peut dire qu'il suffit de rechercher la volonté qui a présidé à la résolution du traité et de savoir quel était le résultat poursuivi. Mais il n'est pas difficile de prévoir des difficultés pratiques : suivant leurs intérêts, les États seront disposés à soutenir la survivance ou l'abrogation complète de la règle. Cet inconvénient s'atténue, il est vrai, devant une dernière considération : la résolution d'un pareil traité, confirmatif d'une coutume antérieure, ne se présentera guère et rencontrera toujours une résistance sérieuse.

59. — Tantôt le traité prend pour base un principe conventionnel ou coutumier, reçu déjà dans la pratique et il se propose d'en tirer une conséquence nouvelle, d'en préciser l'étendue ou d'en étendre l'application. Ainsi la déclaration de Saint-Pétersbourg sur les balles explosibles n'est qu'un commentaire du principe, qui proscrit dans la guerre les moyens cruels et déloyaux et commande de

(1) On peut citer comme exemple la seconde disposition contenue dans la déclaration de Paris (16 avril 1856) : « le pavillon neutre couvre la marchandise ennemie ». La coutume avait déjà fixé cette règle au XVIIIe siècle, malgré les violations dont elle fut parfois l'objet de la part des Anglais.

mettre simplement l'ennemi hors d'état de nuire. L'article 15 du traité de Paris (30 mars 1856) étend au Danube les règles du Congrès de Vienne sur les fleuves internationaux. Ces traités paraissent être les meilleurs : le principe admis auparavant, surtout s'il est d'origine coutumière, leur assure les plus grandes chances de stabilité ; ces traités ont par ailleurs l'avantage de préciser un détail, que l'usage mettrait peut-être trop longtemps à faire ressortir ou d'éviter toute difficulté sur l'extension donnée à une règle antérieurement consacrée.

60. — Enfin il y a des traités qui formulent des règles nouvelles. Quelques-uns devancent l'établissement d'une coutume trop lente à se former et fixent des prescriptions généralement suivies, réclamées par un certain nombre d'États, mais non encore pratiquées sans réserve ; ils formulent des préceptes qu'un usage constant n'a pas encore pu imposer au respect de tous. Ainsi la Convention de Vienne sur les fleuves internationaux a posé une règle, qui avait tendance à s'établir par la coutume ; de même la disposition finale de la déclaration de Paris, relative au blocus effectif, s'appuyait sur une tradition déjà ancienne, malheureusement méconnue dans la lutte soutenue par l'Angleterre contre Napoléon Ier (1). Ces traités offrent des avantages sérieux : il est à présumer, en effet, qu'ils suffiront à vaincre les hésitations et que la pratique ultérieure des États ne tardera pas à en consolider les prescriptions (2).

(1) La ligue de la neutralité armée avait déjà proclamé en 1780 le principe inscrit dans la déclaration de Paris de 1856.

(2) C'est ainsi que des traités spéciaux ont appliqué les règles du Congrès de Vienne. — Depuis la déclaration de Paris, les États ne contestent plus en pratique la nécessité du blocus effectif.

La règle, qui avait un germe dans la coutume, se développe dans le droit conventionnel et se renforce ensuite par l'usage. Plus douteuse est la valeur des traités, qui créent de toutes pièces des principes nouveaux, sans racine dans la pratique des relations internationales. Ils risquent de se heurter à des oppositions formelles, d'avoir une application imparfaite et une durée éphémère. Les essais tentés par l'Angleterre pour établir le droit de visite, en vue de la répression de la traite, ont échoué devant la résistance de la France (1).

La même remarque est vraie des traités contenant abrogation d'une règle coutumière. Leurs prescriptions n'acquerront d'autorité, qu'à la condition de répondre à une nécessité impérieuse et de réformer des abus incontestables ; ainsi la déclaration de Paris, sur l'abolition de la course, malgré l'utilité du but poursuivi, n'a pu cependant rencontrer une approbation unanime ; certains États, froissés dans leurs intérêts, ont refusé leur adhésion (2).

61. — Comment arriver à l'abrogation d'une règle établie par un traité ? En principe l'assentiment de tous ceux qui ont concouru à la création de la règle est nécessaire et l'opposition d'un seul État contractant empêche la résolution du traité (3). L'exigence de cette unanimité est dangereuse : comme elle est difficile à réaliser, il est à craindre

(1) Le droit de visite avait contre lui non seulement d'être une innovation, mais encore de contrarier des principes reçus. — Tout récemment encore le Parlement français refusait de ratifier l'acte général signé à Bruxelles le 2 juillet 1890, à la suite d'une conférence anti-esclavagiste, parce qu'on y admettait l'exercice d'un certain droit de visite.

(2) C'est une des raisons pour lesquelles il est difficile d'espérer des réformes provenant d'une codification du droit des gens.

(3) V. Holtzendorff, *op. cit.*, p. 138.

que les États ne s'affranchissent, d'eux-mêmes, au mépris de la justice, de l'observation d'un traité et ne renoncent à en poursuivre juridiquement l'abrogation (1); l'autorité même des règles conventionnelles se trouve ainsi compromise. On a proposé, comme palliatif, de conclure des traités temporaires, que les contractants pourraient dénoncer à l'expiration d'un terme convenu. Si la pratique démontrait, pendant la durée du traité, l'utilité de ses prescriptions, les États continueraient à les observer, sinon la règle disparaîtrait sans difficulté. On est conduit ainsi à confirmer le rôle transitoire du droit conventionnel, réduit en quelque sorte à n'être que la préparation du droit coutumier (2).

62. — La règle émanée d'un traité peut-elle être détruite par l'usage? On doit supposer pour cela que les États ont pris l'habitude de ne pas observer les dispositions du traité ou même de les violer ouvertement. L'usage s'est établi de n'en tenir aucun compte et la désuétude a laissé lettres mortes les prescriptions du traité; ou bien la coutume a donné naissance à une règle contraire à celle introduite par la convention internationale. Certes, du moment où l'usage est assis avec assez de force pour que la désuétude ou la naissance d'une règle contraire ne soient plus contestables, il faut considérer la règle conventionnelle comme abrogée. Partout où la coutume a été rangée parmi les modes de formation du droit, elle a eu, au moins jusqu'à décision contraire, la double puissance de créer des règles obligatoires et d'ôter leur force aux règles déjà

____

(1) Les traités spéciaux conclus entre les États ne peuvent évidemment, sans violer le droit des gens, déroger aux règles établies. Cpr. Holtzendorff, *op. cit.*, p. 105.

(2) Cpr. Holtzendorff, *op. cit.*, p. 139.

nées. Pourquoi n'en serait-il pas de même dans le droit des gens ? Une règle coutumière peut donc en théorie abroger le droit antérieur, issu de la coutume ou des traités. Mais, en fait, l'usage contraire au traité générateur de droit ne parviendra à s'établir qu'avec la plus grande difficulté : il y aura presque toujours quelques États disposés à protester contre l'inobservation de la règle conventionnelle et désireux de maintenir les prescriptions, toujours vivantes à leurs yeux, du traité ; la coutume sera lente à se former et paraîtra bien longtemps contestable. La conclusion de cette remarque est facile à donner : il vaut mieux poursuivre l'abrogation par voie conventionnelle, lorsqu'on s'aperçoit, dans la pratique, des inconvénients d'une règle précédemment établie par un traité.

c. — On doit écarter, comme modes de formation
du droit des gens, les lois
nationales et les décisions des tribunaux.

63. — En dehors de la coutume et des traités, il n'existe pas, je crois, d'autres modes de formation du droit (1).

(1) On doit signaler cependant l'organisation possible d'un pouvoir réglementaire, capable de prendre des décisions obligatoires pour les divers États. Ainsi, la Commission européenne, qui fonctionne depuis le traité de Paris, est chargée d'édicter des règlements relatifs à la navigation des bouches du Danube, sur la base des principes généraux applicables aux fleuves internationaux. Ce n'est pas, à vrai dire, une autorité législative ; elle puise tout son pouvoir dans le traité qui lui a réservé les détails d'application d'un principe reconnu ; elle joue un rôle analogue à celui du pouvoir exécutif dans l'État, lorsqu'il reçoit mission de préciser par décrets certaines dispositions législatives. En réalité, les prescriptions d'un pouvoir international, semblable à la Commission européenne du Danube, se rattachent au

On indiquera bientôt la valeur exacte de l'histoire, des jurisconsultes et de leurs ouvrages, pour la connaissance du droit des gens. Il est certain qu'on doit les négliger comme modes générateurs de règles juridiques. En est-il de même des lois nationales et des décisions de la jurisprudence? Au dire de quelques auteurs, ces lois et ces décisions donneraient, dans une certaine mesure, naissance à des règles internationales (1). Cette opinion me paraît inexacte : ni les lois nationales, ni les sentences des tribunaux ne doivent être considérées comme modes de formation du droit des gens.

64. — La règle de droit international exige une application réciproque et ne doit pas être limitée à un seul État. Or une loi nationale ne peut commander au delà des frontières de l'État qui l'a promulguée ; l'égalité, qui règne entre les États, empêche l'un quelconque d'entre eux de prescrire des mesures obligatoires pour les autres. La loi nationale ne saurait donc, en principe, formuler par elle-même des règles, ayant une véritable portée internationale. Sans doute, on trouve bien dans les législations de chaque État des prescriptions voisines des règles du droit des gens, par exemple celles qui déterminent la capacité des pouvoirs publics dans les affaires extérieures, ou encore celles qui précisent la condition juridique des étrangers ; mais ce fait répond aux rapports déjà signalés entre le droit des gens et d'autres branches de la science juridique. Dans le domaine propre au droit international public, les législations

droit conventionnel ; c'est un complément prévu et autorisé par le traité qui organise ce pouvoir, mandataire des États contractants, à l'effet de formuler quelques préceptes obligatoires.

(1) V. entre autres Holtzendorff, *op. cit.*, p. 107 et s.

nationales n'ont pas la valeur d'un mode de formation du droit.

En effet, ou bien la loi, qui contient certaines prescriptions relatives au droit des gens, a été promulguée par un seul État. Le plus souvent, en pareil cas, elle prouve l'adhésion de cet État à un principe international déjà fixé par la coutume ou les traités (1). Si, par exception, elle exprime des idées nouvelles, elle ne constitue, en réalité, qu'un projet proposé à l'approbation des autres États ; ceux-ci peuvent ensuite, mais en toute liberté, conformer leur conduite aux indications fournies par la loi et souscrire en pratique aux propositions présentées ; dès lors une règle prendra sans doute naissance, mais c'est la pratique qui l'aura créée ; la loi aura servi de premier terme à l'établissement d'une règle coutumière (2).

Ou bien on trouve sur le même objet des lois semblables promulguées par la majorité des États. Supposons, par hypothèse, ces lois édictées en même temps, par suite d'un accord au moins tacite entre les États ; la règle, qui pourrait en résulter au point de vue du droit des gens, ne devrait point encore son origine aux lois nationales ; celles-ci res-

(1) Les lois nationales peuvent donc être utiles à consulter pour établir à l'encontre d'un État l'existence d'une règle contestée par lui ; la preuve sera suffisante, si on peut lui opposer une de ses propres lois contenant confirmation au moins implicite de la règle.

(2) C'est ainsi que certaines prescriptions de la loi italienne, dite des « garanties », sont entrées dans le domaine du droit des gens ; les autres États ont accepté les dispositions prises envers le St-Siège par le gouvernement italien et ont consenti à les suivre dans leurs rapports avec le Souverain-Pontife, de sorte que l'Italie elle-même se trouve, au point de vue international, juridiquement liée par sa propre loi, devenue règle commune pour les États européens. Cpr. Holtzendorff, *op. cit.*, p. 113.

teraient simplement une manifestation de la communauté des idées, une preuve de la volonté concordante des États, la trace écrite d'une règle conventionnelle ; au lieu du texte unique d'un traité, on aurait en quelque sorte des exemplaires distincts et rédigés séparément. Au reste, cette supposition ne s'est jamais réalisée en fait. On rencontre plutôt l'exemple de législations successives sur une même matière, avec reproduction de dispositions semblables ; la conformité de ces lois diverses démontrera l'existence d'un principe (1) généralement accepté. Mais il convient de rappeler ici la remarque faite à propos des traités spéciaux : la naissance de la règle internationale est due au fait même de la succession des lois, à la répétition usuelle des décisions prises par les divers États, c'est-à-dire à une pratique habituelle et généralisée : c'est l'usage, c'est la coutume qui a créé la règle.

65. — Si l'on consulte les lois assez nombreuses promulguées par les États sur des matières propres au droit des gens, on reconnaît qu'elles ont surtout pour but l'accomplissement des obligations internationales imposées à l'État par des règles coutumières ou conventionnelles ; elles procurent, dans le ressort de chaque État, une meilleure observation des règles existantes, et à cet égard elles mériteraient d'être plus nombreuses encore. Chaque État répond en effet, vis-à-vis des autres membres de la communauté, de la violation des principes internationaux, commise sur son territoire par des personnes soumises à son action ; pour commander à ces personnes, pour les obliger au respect des principes susdits, l'État agit, selon le mode nor-

(1) On peut en trouver un exemple dans les législations qui réglementent les prises maritimes.

mal, en promulguant une loi impérative, entourée d'une sanction judiciaire (1). C'est ainsi que les législations peuvent garantir, en termes exprès, les privilèges et immunités des ambassadeurs, prescrire des mesures sur l'observation d'une neutralité déclarée, ou formuler des instructions sur la conduite des armées en campagne (2).

En résumé, les lois nationales peuvent fournir des renseignements précieux pour la connaissance et la démonstration des règles juridiques admises dans le droit des gens, mais elles ne sont pas l'un des modes générateurs de ce droit.

66. — La remarque précédente s'applique aussi à la jurisprudence, aux sentences des tribunaux. Elle s'applique même *a fortiori* aux décisions des tribunaux ordinaires d'un pays, rendues sur l'application des lois nationales susdites ou sur toute autre question de droit international public. La remarque, au reste, demeure vraie à l'égard des sentences prononcées par des tribunaux spéciaux, par des cours nationales, instituées pour juger certaines difficultés relatives au droit des gens (3) ; enfin elle est encore exacte, si on l'étend aux jugements émanés de tribunaux mixtes, ou d'arbitres appelés à trancher un conflit international.

Si les sentences des tribunaux ont pu concourir à la formation du droit privé, ce fut en vertu d'une permission

(1) On donne ainsi aux règles du droit des gens une sanction pratique, mais limitée au ressort de chaque État ; la sanction ne provient pas encore d'une autorité supérieure, commune à tous les États.

(2) En France les lois de cette nature sont assez rares. On peut citer cependant une loi du 20 décembre 1884 sur l'application de la convention internationale relative aux câbles sous-marins.

(3) Par exemple les tribunaux de prise.

expresse de l'autorité législative ou en passant dans l'usage, qui les transformait en règles coutumières. Dans le droit des gens, les décisions jurisprudentielles peuvent bien avoir une certaine influence sur le développement du droit coutumier ou sur la préparation des règles conventionnelles (1); mais elles ne donnent pas, directement et par elles seules, naissance à des préceptes juridiques ; aucune autorité supérieure ne les a appelées à jouer un pareil rôle. Cependant elles méritent d'être consultées avec soin : elles font connaître le sens et la portée pratique d'une règle de droit et son interprétation ordinaire ; elles ont, à cet égard, la même importance que les arrêts pour l'étude des articles de loi. Il convient toutefois de ne pas accepter sans réserve les sentences des cours nationales, trop souvent dictées par le souci des intérêts politiques ou l'excès de sentiments patriotiques. Les cours d'amirauté d'Angleterre en ont donné la preuve, surtout pendant la lutte soutenue contre Napoléon Ier (2). Les tribunaux mixtes, les décisions d'arbitres, offrent plus de garanties d'impartialité, et leurs jugements sont des documents très utiles pour la connaissance pratique du droit des gens coutumier ou conventionnel.

(1) Ainsi la sentence rendue dans l'affaire de l'Alabama a contribué à fortifier certains principes de la neutralité. Les diplomates, dans la préparation d'un traité destiné à formuler des règles juridiques, peuvent consulter des décisions judiciaires et s'inspirer de leurs données.

(2) Cpr. Renault, *op. cit.*, § 31.

§ 11. — Instruments servant à la connaissance
du droit des gens.

67. — Après avoir déterminé les modes générateurs du droit des gens, il faut maintenant rechercher les instruments utiles à sa connaissance, les documents capables de contenir l'expression des règles positives, d'en démontrer l'existence ou d'en établir la portée et l'étendue.

a. — *Connaissance des règles coutumières.*

68. — C'est la connaissance des règles coutumières, qui présente le plus de difficultés.

Pour y parvenir, il est utile de consulter d'abord l'histoire des relations internationales ; on y pourra trouver, en fait, la démonstration d'une pratique habituelle, la répétition de rapports identiques, dans lesquels les États ont suivi une ligne de conduite constante et uniforme ; on suivra ainsi sur les événements la formation même de la règle coutumière.

69. — Les traités, comme il a été dit, peuvent être utilisés pour la recherche des principes imposés par une pratique habituelle, soit qu'ils marquent le terme final de l'évolution coutumière, soit qu'ils contribuent au développement de l'usage. En même temps on devra consulter certains documents nécessaires, comme on le verra bientôt, à l'interprétation des conventions internationales.

70. — On vient en outre d'indiquer comment les lois nationales et les décisions des tribunaux servent à la connaissance du droit des gens.

71. — Enfin on trouve encore des renseignements précieux dans les ouvrages des jurisconsultes et dans les écrits des publicistes.

Il y a d'abord des jurisconsultes officiels, institués auprès de certains États, qui leur demandent de véritables consultations sur les cas douteux : en Angleterre, on trouve les conseillers de la Couronne ; en France et en Italie, un comité consultatif du contentieux est établi auprès du ministère des affaires étrangères (1). Leurs opinions ne sont pas toujours un guide très sûr ; l'attache officielle enlève à ces jurisconsultes l'indépendance nécessaire à l'autorité de leurs avis, inspirés assez souvent par le désir de favoriser les prétentions intéressées de leurs gouvernements respectifs. Leurs décisions acquièrent surtout du poids, quand elles sont contraires aux vœux de l'État consultant et que celui-ci les accepte ; l'impartialité de leurs auteurs n'est plus douteuse alors et l'adhésion publique du gouvernement à ces consultations leur donne une valeur pratique très réelle.

72. — Les publicistes, qui expriment librement des opinions dans leurs ouvrages, jouent un rôle en général plus marqué et d'autant plus important qu'il n'existe pas de codification dans le droit des gens. Ce rôle est double. En premier lieu, les auteurs se préoccupent de rechercher et d'établir les règles observées dans la pratique, par l'étude des faits, des traités et de tous les documents utiles à consulter ; « ils sont les témoins des sentiments et des usages des nations (2) » et ils s'efforcent après un examen réfléchi, de donner la traduction exacte des coutumes interna-

(1) V. Renault, *op. cit.*, § 36.
(2) V. Renault, *loc. cit.*

tionales et la formule précise des règles reçues. Il est à
peine besoin de faire remarquer que tous les écrits sont
loin d'avoir la même valeur. Il ne faut pas accepter à l'a-
veugle toutes les opinions consignées dans les ouvrages
des jurisconsultes et des publicistes. Ces écrivains, malgré leur science, malgré toute leur indépendance, sont
sujets à l'erreur, et ils « sont encore moins garantis que les
juges (1) » contre l'influence des passions politiques ou les
suggestions de l'idée patriotique. Ainsi les auteurs, qui,
en Angleterre, écrivent sur le droit des gens maritime, ont
une tendance assez naturelle à défendre plutôt l'opinion
supposée favorable au maintien de la supériorité de la
marine anglaise (2). Il est facile, à la lumière d'une critique
intelligente, de faire la part des erreurs et des exagérations
et d'extraire des ouvrages les vérités qu'ils contiennent (3).
L'accord d'un grand nombre d'écrits, sur le sens et la portée d'une règle de droit, fournit une preuve très forte en
faveur de l'existence de cette règle ; cela est surtout vrai,
quand on peut réunir les opinions d'auteurs de nationalités diverses, ayant fait œuvre personnelle et jouissant
d'une réputation incontestée (4). D'ailleurs pour trancher
les divergences constatées entre les publicistes, il n'y a pas
de règle déterminée et, comme on l'a dit avec raison, « il

(1) V. Renault, *loc. cit.*
(2) V. Renault, *loc. cit.*
(3) Pour la connaissance pratique du droit international public, il
importe d'éliminer les pages consacrées au droit des gens théorique
ou philosophique. Cpr. Holtzendorff, *op. cit.*, p. 122.
(4) Suivant Holtzendorff, *op. cit.*, p. 123, « la traduction, en plusieurs langues étrangères, de certains manuels du droit des gens
positif peut servir de mesure pour l'autorité dont jouit leur auteur ».

n'y a pas ici de *loi des citations* fixant l'autorité respective des jurisconsultes (1). »

Lorsqu'on veut apprécier les prétentions émises par le gouvernement d'un pays dans un litige international, il est intéressant de consulter les ouvrages émanés des jurisconsultes de ce pays ; les opinions défendues dans ces écrits auront un poids considérable et fourniront un argument solide, si elles se trouvent contraires à celles du gouvernement (2).

73. — Mais le rôle des jurisconsultes et des publicistes ne se borne pas à la recherche des règles pratiquées dans le droit des gens ; leurs ouvrages ne sont pas seulement des instruments utiles à la connaissance des préceptes juridiques. Les auteurs contribuent aussi au développement et au progrès du droit conventionnel ou coutumier. Leurs observations, leurs critiques, leurs appréciations, les réformes par eux proposées, n'échappent pas à l'esprit des hommes politiques ; si quelques-uns d'entre ces derniers prennent à cœur le triomphe de certaines idées, ils parviennent parfois à les faire entrer dans le domaine du droit positif (3) ; dans ce but, ils contractent l'habitude d'agir dans le sens des réformes désirées et provoquent, par leur exemple ou leur invitation expresse, la réciprocité d'action chez les autres États ; ils peuvent ainsi donner naissance à une règle coutumière ; ou bien,

---

(1) V. Renault, *loc. cit.*
(2) V. Renault, *loc. cit.*
(3) Ainsi le double rôle joué par les jurisconsultes correspond aux deux parties de la science juridique ; d'un côté la découverte et l'interprétation des règles positives, de l'autre la partie critique et théorique du droit.

désireux de précipiter la réalisation du progrès, ils prennent l'initiative d'un traité, qui formulera la règle nouvelle (1). L'influence des jurisconsultes dans la pratique internationale éclate à maintes reprises : tantôt on les voit servir de guides à une politique honnête et correcte (2) ; tantôt leur autorité s'affirme à l'occasion d'un litige international, dont ils deviennent les arbitres (3). Et puis, toutes ces idées, remuées dans les ouvrages et semées à travers les différents peuples, ont pour résultat précieux de répandre la notion fondamentale de l'existence d'une communauté entre les États, d'appeler l'attention publique sur les questions internationales, de développer la conscience juridique des citoyens, dont les sentiments ne restent pas sans influence sur la conduite tenue par les États. Les esprits, habitués au respect des règles existantes et préparés à l'observation des règles futures, savent mieux « se garder d'un cosmopolitisme exagéré où l'idée même de patrie est absente et d'un patriotisme exclusif qui fait confondre le juste et l'injuste, quand il s'agit de ce qu'on croit être l'intérêt de son pays ». L'éducation des hommes est dirigée dans un sens conforme au principe même du droit des gens et cette éducation per-

(1) On peut citer comme exemple les règles sur les fleuves internationaux, insérées dans le traité de Vienne grâce à l'initiative de Guillaume de Humboldt, représentant de la Prusse au Congrès.

(2) Les livres de Grotius et de Vattel, par exemple, ont reçu un excellent accueil dans le monde diplomatique de l'époque.

(3) L'arrangement aux fins d'arbitrage, signé le 11 mars 1891, à Londres, entre les gouvernements anglais et français, relativement à la question de Terre-Neuve, porte dans son article 5 : « la commission arbitrale sera composée de trois spécialistes ou jurisconsultes désignés d'un commun accord par les deux gouvernements....... ».

sonnelle des citoyens oblige les pouvoirs publics, qui les représentent dans l'État, à tenir compte des préceptes du droit international, sous peine de se heurter à l'indignation générale et au mépris commun.

Il faut donc applaudir à toutes les tentatives qui se proposent le progrès ou la divulgation de la science du droit des gens. Diverses associations scientifiques poursuivent ce but et jouissent déjà d'une autorité méritée : il faut placer au premier rang l'*Institut de droit international*, fondé à Gand en 1873, grâce à l'initiative de M. Rolin-Jacquemyns (1) ; il convient aussi de citer l'*Association pour la réforme et la codification du droit des gens* (2), dont l'objet est plus spécial (3).

74. — La liste des ouvrages écrits sur le droit international public est déjà longue et je n'ai pas l'intention de reproduire ici une bibliographie complète que d'autres ont déjà donnée (4). Voici, pour l'époque actuelle (5), l'indi-

(1) Cette association, composée de jurisconsultes et d'hommes d'État, tient des sessions où l'on discute des questions de droit international public ; elle publie un *annuaire* depuis 1877. Cfr. Renault, *loc. cit.*

(2) Cette association a une origine et une composition anglo-saxonne ; ses rapports paraissent chaque année à Londres, par les soins du comité directeur. — Cfr. Renault, *loc. cit.* V. Holtzendorff, *op. cit.*, p. 135.

(3) C'est dans le même esprit qu'il faut se féliciter de l'innovation qui a introduit en France dans les facultés de droit un cours nouveau de droit international public.

(4) V. notamment la brochure de M. Renault et surtout, dans l'introduction de Holtzendorff, la quatrième partie due à M. Rivier et consacrée à l'histoire littéraire du droit des gens.

(5) Dans la partie historique de cette étude j'ai indiqué les auteurs et les ouvrages les plus importants, antérieurs à notre époque.

cation sommaire des principaux auteurs, des ouvrages les plus importants, des livres pour ainsi dire classiques sur la matière :

En Allemagne,

1° HEFFTER. — *Le droit international de l'Europe*, 1 vol., traduction française, 4e édition ; la dernière en 1883.

2° BLUNTSCHLI. — *Le droit international codifié*, 1 vol., traduction française, 4e édition ; la dernière en 1886.

En Angleterre,

1° SIR ROBERT PHILLIMORE. — *Commentaries upon International Law*, 4 vol.

2° SIR TRAVERS TWISS. — *Le droit des gens ou des nations considérées comme communautés politiques indépendantes*, 2 vol., traduction française.

En Amérique,

1° HENRY WHEATON. — *Éléments de droit international*, 2 vol., et *Histoire des progrès du droit des gens en Europe*, 1 vol., traduction française.

2° WILLIAM BEACH LAWRENCE. — *Commentaire sur les Éléments du droit international et sur l'histoire des progrès du droit des gens de Henry Wheaton*, 4 vol., traduction française.

En Italie,

1° MANCINI. — Ses leçons inaugurales.

2° PASCAL FIORE. — *Traité de droit international public*, 3 vol., traduction française.

Dans la République Argentine,

CHARLES CALVO. — *Le droit international théorique et pratique, précédé d'un exposé historique de la science du droit des gens*, 4 vol. — Les dernières éditions ont été publiées en français.

En Russie,

FRÉDÉRIC DE MARTENS. — *Traité de droit international*, 3 vol., traduction française.

En Belgique,

1° ALPHONSE RIVIER. — Outre son *Histoire littéraire du droit des gens*, déjà mentionnée, et insérée dans l'Introduction de Holtzendorff, a publié le *Programme d'un Cours de droit des gens, pour servir à l'étude privée et aux leçons universitaires*, broch. in-18, 216 p.

2° Publications de la *Revue de droit international* et de l'*Annuaire de l'Institut de droit international*, sous la haute direction de M. Rolin-Jaequemyns.

En France,

1° Louis Renault. — *Introduction à l'étude du droit international.*

2° Pradier-Fodéré. — *Traité de droit international public européen et américain, suivant les progrès de la science et de la pratique contemporaines, 5 vol.*

3° Georges Bry. — *Précis élémentaire de droit international public* (mis au courant des progrès de la science et du droit positif contemporain, à l'usage des étudiants des facultés de droit), 1 vol. in 18.

4° Funck-Brentano et Albert Sorel. — *Précis du droit des gens, 1 vol.*

5° Ortolan, de Hautefeuille. — Leurs ouvrages sur le droit maritime.

b. — *Connaissance des règles conventionnelles.*

75. — La recherche des règles émanées des traités est beaucoup plus facile que celle des préceptes coutumiers. Ces règles sont en effet constatées par écrit, dans une convention signée et pourvue de toute l'authenticité désirable. La production du texte original du traité fournit une preuve certaine de l'existence de la règle et de la formule qui l'exprime. Mais, pour l'étude du droit conventionnel, il n'est même pas besoin d'ordinaire de remonter jusqu'à l'original ; les traités sont presque toujours l'objet d'une *publication officielle*, par les soins des États intéressés, et dans les mêmes journaux ou *bulletins* que ceux consacrés aux lois nationales ; du reste, cette publication ne suffit pas à elle seule pour donner au traité le caractère d'une loi. Enfin il existe, pour la plus grande facilité des recherches, des *recueils* contenant la série des divers traités ; ces recueils ont tantôt un objet général et renferment tous les traités

conclus pendant une certaine période; tantôt ils ont un objet plus spécial et ne donnent que les traités où un État déterminé a joué le rôle de partie contractante. Les uns ont un caractère semi-officiel; leur publication se fait sous les auspices du gouvernement; d'autres sont l'œuvre de publicistes sans attache officielle. Les uns et les autres se recommandent par leur exactitude et leur sincérité; leurs renseignements sont assez sûrs pour qu'il soit en général inutile de les contrôler.

76. — Ces recueils sont assez nombreux (1). Je me contenterai d'indiquer les deux suivants :

1° *Recueil de G. Frédéric de Martens*, fondé en 1791 à Gœttingue, 50 vol. jusqu'en 1874. Le recueil a été continué en 1876 par la publication d'une nouvelle série.

2° *Recueil des traités de la France*, dû à M. de Clercq.

c. — *Interprétation.*

77. — Dans l'étude du droit des gens conventionnel, la difficulté réside non dans la connaissance des règles, mais dans leur interprétation. A défaut d'une langue uniforme, en l'absence d'une terminologie unique pour tous les États, on comprend qu'il soit assez délicat de préciser le sens et la portée des règles inscrites dans les traités. La pensée des contractants est parfois traduite d'une façon incomplète ou inexacte et la rédaction adoptée n'a pas toujours la clarté et la précision si utiles dans un texte juridique. Les chances d'erreur se multiplient encore, lorsque les contractants,

---

(1) On trouvera dans la brochure de M. Renault toutes les indications nécessaires à ce sujet. — V. aussi Heffter, *op. cit.*, p. 18, note 3.

dans l'ignorance de la langue étrangère, ont dû recourir à des interprètes (1).

78. — Il y a un moyen excellent pour fixer le sens douteux d'une règle de droit : il consiste dans une *déclaration* postérieure au traité ; c'est alors une interprétation authentique, véritable complément du traité lui-même. Mais, pour que la déclaration ait cette valeur, il faut qu'elle émane de tous les États contractants, ou qu'elle soit acceptée par tous, dans le cas où elle serait l'œuvre de quelques-uns d'entre eux (2). Ce procédé est aussi applicable pour déterminer le sens contesté d'une règle coutumière. La déclaration unilatérale, émanée d'un seul État, ne fait pas disparaître toute controverse ; elle ne constitue en réalité qu'un argument possible contre son auteur (3).

79. — A défaut de déclarations interprétatives, on peut suivre certaines indications rationnelles et consulter quelques *documents auxiliaires*.

Tout d'abord il paraît rationnel de suivre comme guides, dans l'interprétation des traités, des principes analogues à ceux indiqués dans le Code civil, pour les contrats entre particuliers (art. 1156 et suivants). Par exemple, il est bien certain que l'on doit rechercher quelle a été la commune intention des parties et, d'autre part, il ne faut pas

(1) V. Holtzendorff, *op. cit.*, p. 125.

(2) On peut rappeler, à ce propos, la controverse qui s'est élevée sur le sens d'une expression contenue dans les articles du traité de Vienne, relatifs aux fleuves internationaux. Une convention postérieure, conclue à Mayence entre les États intéressés à la navigation du Rhin, décida que les mots « jusqu'à la mer » devaient s'entendre dans le sens de « jusqu'à la pleine mer », « jusque dans la mer » et que la liberté de la navigation s'étendait ainsi au-delà des bouches du fleuve. Ce sens est aujourd'hui universellement adopté.

(3) V. Holtzendorff, *op. cit.*, p. 129.

7

donner à une clause ambiguë un sens contraire au droit fondé sur la coutume internationale (1).

80. — Enfin, pour l'interprétation des traités, on a recours à l'examen de certains documents auxiliaires, produits de la diplomatie et de la politique. Les négociations préliminaires d'un traité, les procès-verbaux des commissions chargées d'en préparer les clauses, les correspondances échangées, les instructions données aux agents diplomatiques, les déclarations des hommes d'État, sans appartenir aux modes de formation du droit des gens, rendent à l'interprétation des services appréciables. On peut les comparer aux exposés de motifs, aux travaux préparatoires invoqués si souvent, dans les controverses juridiques, pour déterminer le sens d'un article et l'intention du législateur.

Il ne faut pas utiliser sans réflexion les renseignements contenus dans ces documents. Les travaux préparatoires, discussions législatives, exposés de motifs ne sont également consultés qu'avec prudence. Souvent, en effet, la pensée du législateur se modifie dans l'intervalle qui sépare le projet primitif du vote final de la loi. Dans la conclusion des traités, la divergence entre les propositions premières et la rédaction finale de la convention est d'ordinaire plus grande encore ; les négociateurs, par habileté politique, n'expriment leurs idées qu'avec réserve et laissent volontiers dans l'ombre une partie de leurs intentions. Ainsi les correspondances diplomatiques, non destinées à la publicité, n'ont qu'une valeur restreinte ; elles constatent, en général, un échange de vues assez lointaines, et la sincérité

(1) V. Holtzendorff, *op. cit.*, p. 123.

de la pensée qui les a dictées est parfois douteuse (1).

Les déclarations faites par les ministres dans les parlements ne possèdent pas non plus une grande autorité ; elles ne sont pas destinées à éclairer les discussions internationales, à exprimer une opinion dans un débat élevé entre deux ou plusieurs États ; elles répondent plutôt à des préoccupations de politique intérieure et se proposent de justifier, aux yeux d'une majorité parlementaire, la conduite du gouvernement.

Certains cabinets ont l'habitude de soumettre aux Chambres, de publier des pièces et des correspondances diplomatiques. Les brochures, qui contiennent ces documents, portent, suivant les pays, des noms divers, marqués par la couleur de leurs couvertures : il y a le *Livre jaune* français, le *Livre bleu* anglais, le *Livre vert* italien, le *Livre rouge* autrichien. Ces publications ont le même but que les communications orales faites au sein des Chambres ; aussi convient-il d'en user encore avec précaution : toutes les pièces relatives à une affaire ne sont pas publiées et celles qui le sont ont été parfois l'objet de corrections favorables et de remaniements intéressés. M. de Bismark en a fait l'aveu très sincère en 1869 dans un débat parlementaire sur l'opportunité de la publication des documents diplomatiques : « je serais obligé, disait-il, d'écrire des dépêches de deux façons sur le même sujet, telles d'abord qu'elles devraient être pour avoir leur valeur pratique dans la diplomatie, telles ensuite que je me proposerais de les publier » (2).

Les véritables documents auxiliaires de l'interprétation,

(1) V. Holtzendorff, *op. cit.*, p. 129.
(2) V. Renault, *op. cit.*, § 27.

les plus sûrs et les plus utiles, ce sont les pièces écrites, officielles et publiques, usitées dans les relations diplomatiques : par exemple les *notes* échangées entre les gouvernements, les circulaires, les dépêches *communiquées*, et surtout les procès-verbaux des séances, tenues dans les congrès ou conférences qui ont discuté les questions résolues dans le traité.

Il ne faut pas placer sur la même ligne les *annexes* d'un traité : il s'agit là de pièces, que les contractants ont déclaré faire partie intégrante de la convention, afin d'en préciser la portée ; ce ne sont plus seulement des documents auxiliaires de l'interprétation : ces écrits ont toute la valeur obligatoire des clauses mêmes du traité.

§ 11. — Projets de codification du droit des gens.

81. — En présence des imperfections signalées dans la formation du droit international public, devant l'incertitude des préceptes coutumiers et l'instabilité des règles conventionnelles, devant l'indécision qui règne sur le nombre et la nature des causes génératrices du droit, on s'est demandé s'il ne serait pas possible et utile de tenter une *codification* du droit des gens. L'idée d'ailleurs n'est pas nouvelle : déjà, en 1782, paraissait à Leipzig un *Code maritime général pour la conservation de la liberté de la navigation et du commerce des nations neutres en temps de guerre* (1). En France, un décret du 28 octobre 1792 or-

(1) V. Holtzendorff, *op. cit.*, p. 135, note 1 — On peut signaler aussi, à ce propos, le titre expressif donné par Leibnitz à son recueil de traités, publié en 1693 sous la dénomination le *Codex juris gentium diplomaticus.*

donna la rédaction d'une « Déclaration du droit des gens » ;
le projet en 21 articles, présenté à la Convention en 1795,
fut repoussé par elle (1). Des auteurs modernes ont essayé,
dans leurs ouvrages, une codification scientifique du droit
des gens : par exemple, Adolphe de Dominic Petrushevecz,
dans son *Précis du droit international* et surtout Bluntschli, dans son *Droit international codifié*. J'ai déjà signalé
par ailleurs l'existence d'une association fondée pour « la
réforme et la codification du droit des gens ». L'idée a
donc des défenseurs sérieux et elle mérite d'être examinée.

82. — Il me semble que la codification du droit des gens,
d'une réalisation difficile à l'heure actuelle, n'offrirait pas
de grands avantages et présenterait des inconvénients.

Il ne faut pas se dissimuler les difficultés, que soulèverait la confection d'un Code contenant les règles applicables aux relations internationales, règles obligatoires pour
tous les pays civilisés. Ce Code devrait être le résultat d'un
accord entre tous les États, qui accepteraient d'obéir à
ses dispositions (2). Comment obtenir un pareil accord ?

(1) Ce projet se trouve dans les *Annales politiques*, publiées par
Isambert en 1823. Introduction *in fine* ; Cpr. Heffter, *op. cit.*, p. 17,
note 1. — Les *Instructions pour les armées en campagne des Etats-Unis
d'Amérique* contiennent une codification du droit de la guerre,
promulguée comme loi nationale par un État. V. Bluntschli *op. cit.*,
p. 5.

(2) On ne peut, pour codifier le droit des gens, recourir à des
lois nationales, promulguées par les différents États en dehors de toute
entente préalable; on ne peut procéder utilement par voie de rédactions unilatérales, comme l'avait voulu le décret de 1792. On
pourrait seulement admettre qu'à la suite d'un accord bien établi
sur les principes de droit et sur leurs formules, chaque État traduisit par des lois nationales le résultat de cette entente commune.
La nécessité de l'accord reste toujours nécessaire, afin d'obtenir
l'identité dans la codification.

Les idées des gouvernements touchant leurs intérêts politiques présentent encore des divergences considérables ; les États repousseraient une codification, qui, forcément, paraîtrait favoriser certains intérêts au détriment des autres. On en a vu la preuve lors de la conférence de Bruxelles, qui s'était réunie en 1874, sur l'initiative de la Russie, dans le but de codifier le droit de la guerre ; cette tentative a échoué devant le conflit d'intérêts que fait naître l'organisation d'armées permanentes chez les grandes puissances, en regard du système des milices conservé dans les petits États (1).

83. — Quelle serait du reste l'utilité de cette codification ? Elle ne viendrait pas restreindre les violations involontaires du droit des gens, en donnant aux préceptes toute la publicité et toute la certitude voulues : les États ne méconnaissent pas les règles internationales par ignorance, mais plutôt parce qu'ils croient utile de les négliger et de poursuivre des intérêts immédiats, qu'elles peuvent contredire.

Sans doute, la codification permettrait d'assurer une formule plus précise aux règles reconnues et acceptées et de réduire les discussions soulevées sur leur teneur véritable ; mais cette formule, quelle autorité sera chargée de l'interpréter, si, malgré tout, comme cela se produira infailliblement, un désaccord se manifeste sur le sens véritable et la portée des préceptes codifiés ? Il faudrait aboutir à la création d'un tribunal suprême, gardien de l'unité de droit ; sinon les divergences vont éclater irrémédiables, au lendemain de la rédaction du code et l'œuvre, si labo-

(1) Cpr. Holtzendorff, *op. cit.*, p. 133.

rieusement édifiée, sera bientôt compromise. Or cette institution d'une Cour suprême est encore plus difficile à obtenir que la codification elle-même (1).

84. — Et puis, ce mince avantage d'une précision plus grand obtenue dans l'expression des règles de droit, est compensé et au delà par les inconvénients inhérents à toute codification, inconvénients plus sensibles encore pour le droit des gens, à raison de son développement trop incomplet. La codification paralyserait les forces vives, qui concourent à la formation de ce droit et entraverait l'œuvre progressive et sûre de la coutume qui seule, nous l'avons vu, donne aux règles internationales une stabilité suffisante. Il faudrait bien détruire, en effet, la puissance créatrice de la coutume ; ou, si on laissait à l'usage le pouvoir, soit de faire naître des règles nouvelles, soit au moins d'abroger par désuétude les règles anciennes, l'autorité de la codification se trouverait compromise et l'on n'aurait pas même atteint la précision et la certitude, que l'on poursuivait.

85. — A vrai dire, le droit des gens est trop jeune encore ; en voie de formation, à l'état embryonnaire sur quelques points, il a besoin du temps pour se compléter ; il faut attendre l'œuvre patiente des années, laisser les principes se fortifier, permettre à la science de s'affermir, aux jurisconsultes de travailler, d'épurer peu à peu les notions et de former un corps de doctrine plus homogène. La codification ne s'explique, elle n'a chance de réussir, elle n'a d'utilité qu'au jour où elle est à peu près faite dans les esprits, dans les ouvrages et dans la pratique ; c'est un fruit tout pré-

____

(1) V. Holtzendorff, *op. cit.*, p. 137.

paré, qu'on se contente de cueillir : le droit des gens n'est pas mûr pour la codification.

Du reste les progrès, pour être lents, n'en sont pas moins appréciables et l'histoire des relations internationales est, à cet égard, intéressante à consulter.

II

Historique.

86. — L'histoire du droit des gens ne doit pas se préoccuper seulement de l'origine et de l'évolution des règles
coutumières ou conventionnelles ; d'autres points non
moins importants méritent d'être mis en lumière. Le droit
international public, suivant une remarque déjà faite (1),
se propose une conciliation entre deux tendances rivales ;
n'est-il pas intéressant dès lors de montrer comment, à
travers les siècles, ces deux tendances ont pu naître et se
développer, d'indiquer quelles causes ont amené, d'une part,
la coexistence des États modernes, assis sur le principe de
l'autonomie et de l'égalité, et, d'autre part, la communauté
juridiquement organisée de ces États ?

Et puis il convient encore d'étudier le mouvement des
idées et des théories, de marquer les transformations successives de la façon de concevoir les relations internationales et de suivre, dans les ouvrages parus aux diverses
époques, les progrès du droit des gens.

Ainsi trois séries de recherches paraissent utiles : la première concerne le développement de la double tendance,
sur laquelle repose le fondement même du droit des gens ;
la deuxième a pour objet les faits constitutifs de coutumes,
d'usages internationaux, ou, d'une manière plus générale,

(1) V. suprà, § 4.

l'évolution historique des règles positives, admises dans les rapports entre les peuples ; enfin la dernière se préoccupe des idées et des théories émises sur le droit des gens et des ouvrages publiés sur cette matière.

On assistera, en même temps, à la formation progressive de la conscience juridique des peuples, peu à peu convaincus de la nécessité d'obéir à certains préceptes et conduits à reconnaître comme obligatoires des règles applicables à leurs relations mutuelles.

On peut distinguer trois grandes périodes dans l'histoire du droit des gens :

1° L'antiquité ;

2° Le moyen-âge ;

3° L'époque moderne.

§ 12. — L'antiquité.

a. — La tendance particulariste des races et la tendance cosmopolite.

87. — L'antiquité n'a pas connu la notion fondamentale du droit des gens moderne et jamais elle n'a voulu la conciliation des deux tendances signalées.

La tendance individualiste, qui, à notre époque, reçoit satisfaction grâce au respect dû à l'autonomie de chaque État, fut absolument méconnue dans l'antiquité. Les peuples vivaient côte à côte, sans se reconnaître un droit primitif et absolu à la souveraineté indépendante. Les empires d'Orient se succèdent, fondés et détruits par des guerres de conquête ; les Assyriens et les Babyloniens s'effacent devant les Mèdes et ceux-ci, devant les Perses. Le peuple le plus puissant s'efforce d'enlever au plus faible son indépendance et de le soumettre à sa domination. Les petites cités de la Grèce ont lutté sans cesse les unes contre les autres, pour conquérir l'hégémonie. Rome enfin a combattu d'abord pour sauvegarder son indépendance, que menaçaient les peuples voisins, ensuite pour obtenir la suprématie et imposer ses prétentions à l'empire du monde. La guerre pouvait légitimement, aux yeux des anciens, se proposer l'anéantissement de l'État ennemi et la conquête de son territoire (1) ; on trouve parfois, insérée dans les traités de paix, une clause formelle, qui oblige l'ennemi vaincu à s'incliner devant la *Majesté* du peuple romain (2).

88. — Du reste, la guerre n'était pas envisagée comme une relation restreinte aux États, étrangère aux personnes inoffensives et aux propriétés privées. Les personnes et les choses se trouvaient soumises sans réserve à la discrétion du plus fort ; la conquête d'un riche butin était l'un des appâts de la guerre ; les personnes même inoffensives n'étaient pas épargnées : le vainqueur se croyait autorisé à les mettre à mort, s'il n'aimait mieux, par un adoucissement profitable et intéressé, les réduire en esclavage. L'emploi des moyens les plus violents, pour obtenir la soumission de l'ennemi, semblait justifié. Il y a, dans l'histoire ancienne, aussi bien dans celle des peuples de l'Orient, Assyriens, Phéniciens, Mèdes, Perses, Israélites, que dans celle des Romains, des exemples nombreux, propres à démontrer la rudesse et même la cruauté des coutumes

(1) Cic. *De off.* II, 8.

(2) *Imperium majestatemque populi romani servare.* Liv. XXXVIII, 11 ; l. 7 § 1 Dig. *De Capt.* XLIX, 15.

antiques de la guerre (1). Seuls les Grecs, dont les mœurs étaient plus douces, ont introduit dans la pratique des hostilités quelques idées d'humanité ; ainsi ils désapprouvaient le meurtre des soldats désarmés, implorant la clémence du vainqueur (2) ; les prisonniers de guerre pouvaient être réduits en esclavage, mais on favorisait leur rachat et leur retour à la liberté (3) ; on discutait sur la légitimité de certains moyens de guerre (4) ; il y avait des personnes et des lieux protégés par une neutralité et soustraits aux entreprises des combattants (5) .

89. — Si, dans l'antiquité, l'on n'a pas compris la nécessité d'assurer, dans le droit des gens, une certaine place à la tendance individualiste des races, en revanche on y voit se développer la tendance universelle et cosmopolite ; la plupart des peuples ont contribué au rapprochement et au contact des races, au progrès des relations internationales et de la civilisation.

La guerre a été, sans conteste, la source la plus ordinaire des rapports entre peuples différents ; mais elle n'a pas été l'élément unique dans les relations internationales.

(1) On peut citer comme exemple la dévastation systématique du Samnium, à deux reprises, par les légions romaines. Cpr. Duruy, *Hist. des Romains*, nouv. éd. t. I, p. 263.

(2) V. Holtzendorff, *op. cit.*, p. 199 ; la mutilation des prisonniers et des cadavres n'était pas en usage chez les Grecs, comme chez les Perses, par exemple, qui crucifièrent Léonidas. Bien mieux, on rendait aux morts les honneurs funèbres. Holtzendorff, *op. cit.*, p. 198.

(3) Le prix du rachat pouvait être déterminé d'avance, en vue d'une guerre imminente. Holtzendorff, *op. cit.*, p. 199.

(4) Holtzendorff, *loc. cit.*

(5) Holtzendorff, *op. cit.*, p. 199. La neutralisation, fondée surtout sur des motifs religieux, s'appliquait à des prêtres, à des sanctuaires, à des temples.

Ainsi les Phéniciens et les Grecs, grâce à l'émigration et à la colonisation, ont étendu le cercle des relations civilisées. Les entreprises commerciales, surtout celles du commerce maritime, ont amené les peuples à se connaître et à se pénétrer les uns les autres. En même temps, se produisait un échange d'idées, de mœurs et de coutumes : l'alphabet des Phéniciens a passé chez les Grecs ; ceux-ci, par la perfection de leurs arts et de leur littérature, ont eu une influence générale sur le monde antique. La tendance cosmopolite, affirmée déjà dans toutes ces relations, reçut un développement plus large, lors de l'extension romaine. La suprématie victorieuse de Rome parvint en effet à réaliser, abstraction faite des barbares, l'état et le droit universels ; c'était la négation complète de la tendance première, au profit exclusif de la tendance cosmopolite ; du même coup, l'existence d'un droit des gens, comme droit applicable aux rapports entre les États, devenait impossible dans un monde soumis à une souveraineté unique.

b. — *Règles et coutumes internationales.*

90. — Malgré la différence qui sépare les notions reçues dans l'antiquité du fondement moderne du droit des gens, il faut admettre, dans l'ancien monde, l'existence de véritables règles, ayant un caractère juridique, applicables à des rapports internationaux.

En fait, des rapports se sont établis entre les différents peuples et, pour une meilleure pratique de ces relations, on a suivi des préceptes qui constituent le droit des gens de l'antiquité ; ce droit des gens, à la différence du droit international moderne, n'a pas en vue une conciliation entre deux tendances opposées, mais seulement la régularité de rapports existant en fait entre peuples différents.

On ne trouve pas sans doute un corps complet de doctrine, une construction homogène, une conception juridique, assise sur de larges principes, mais on peut découvrir quelques règles, applicables à certaines situations déterminées.

Ces règles avaient un caractère juridique ; les peuples qui les observaient, se croyaient obligés par elles et pensaient avoir le droit d'en exiger le respect de la part des autres peuples. Elles avaient aussi une portée internationale : elles s'appliquaient en effet aux relations entre peuples indépendants, lesquels se traitaient en fait sur le pied de l'égalité et de la réciprocité, tant que le plus faible n'avait pas été contraint de s'incliner devant la supériorité d'un vainqueur. Certes, à la notion de droit venaient s'ajouter l'élément religieux et l'idée morale. On considérait parfois la règle comme dictée par la divinité et placée sous la sauvegarde des dieux ; le principe moral de l'équité et de la bonne foi était à la base de prescriptions nombreuses ; mais l'alliance de la religion et de la morale ne saurait contredire le caractère juridique de certaines règles, observées dans les relations extérieures des peuples de l'antiquité (1).

91. — On en trouve surtout la preuve dans les rapports entre les États de la Grèce, et dans ceux de Rome avec les autres peuples. En ce qui concerne les relations internationales des empires de l'Orient, il convient seulement de signaler la pratique déjà connue des traités. Dans l'anti-

____

(1) V. l'article déjà cité sur le droit des gens à Rome, n° 6 et n°s 63 à 68.

quité la plus reculée et dès l'époque de la domination des Pharaons, on trouve la trace de traités publics (1) et l'on voit apparaître l'habitude de recourir à des conventions, pour obtenir un meilleur règlement des rapports entre les peuples ; on voit aussi naître chez les contractants le sentiment d'une obligation, d'un lien juridique, à raison de la parole donnée et du pacte conclu.

92. — La Grèce a connu et observé tout un ensemble de préceptes internationaux. Elle s'est rapprochée, plus que tout autre peuple, de la notion actuelle du droit des gens. En fait, il y eut pendant longtemps en Grèce coexistence de plusieurs petits États indépendants ; si chacun d'eux pouvait rechercher la suprématie sur les États voisins, il n'en est pas moins vrai qu'ils ont dû vivre sur le pied de l'égalité ; devant l'impuissance de chacun des États à obtenir ou à conserver l'hégémonie, on fut amené à l'organisation d'une sorte de communauté entre les diverses républiques. Les États grecs se sentaient membres d'une même famille et comprenaient la nécessité d'obéir à certaines règles, pour assurer la régularité de leurs rapports mutuels. La conscience de la vie internationale était fort développée dans les républiques grecques ; les affaires de politique extérieure ont toujours préoccupé vivement les assemblées populaires ; ces questions étaient traitées et discutées avec passion et l'on se plaisait à entendre la voix des orateurs, qui abor-

(1) On peut consulter à cet égard Barbeyrac. *Histoire des anciens traités.* — Holtzendorff, *op. cit.*, p. 159, signale, comme le plus ancien document de la diplomatie, le traité conclu entre Ramsès II et le prince des Chétas. Ce n'est pas seulement un traité de paix et d'alliance ; il contient des clauses pour favoriser le commerce et l'industrie des deux nations et on y règle l'extradition des criminels cherchant un refuge chez le voisin.

daient de semblables sujets. On avait le sentiment assez
net des rapports entre États et l'on concevait, en général,
la notion d'un droit applicable aux relations extérieures.
Il est vrai d'ajouter toutefois que les règles admises se bor-
naient à régir les rapports des Grecs entre eux et demeu-
raient en principe étrangères aux relations des Grecs avec
les puissances non helléniques, considérées comme barbares (1).

93. — En temps de paix, des conventions, des traités
pouvaient être conclus entre deux ou plusieurs États. Les
plus intéressants ont pour objet des avantages accordés aux
étrangers ; on avait compris que, dans l'intérêt général, la
souveraineté de l'État ne devait pas rester trop exclusive,
et l'on stipulait de véritables traités « d'établissement et de
protection » (2). Les sujets d'un État voisin obtenaient la
liberté de certaines transactions et se trouvaient placés sous
le patronage de personnes, appelées *proxènes,* dont la désignation appartenait soit à l'État protecteur, soit au gouvernement des sujets protégés ; dans cette dernière hypothèse, on peut considérer les *proxènes* comme l'origine
lointaine des consuls. Parfois même, le traité accordait
aux étrangers des droits politiques (*isopolitie*). La concession de ces avantages, *proxénie* ou *isopolitie* (3), était

___

(1) Cpr. Holtzendorff, *op. cit.,* p. 193; Heffter, *op. cit.,* p. 9. V.
Liv. XXXI, 29; Platon, Aristote, Épicure professaient cette idée.

(2) Holtzendorff, *op. cit.,* p. 204.

(3) Il y avait encore quelques autres faveurs, l'*atélie,* franchise de
douanes et l'*asylie,* garantie pour les personnes et les propriétés, en
cas de conflit entre les pays intéressés. L'État conservait cependant
le droit d'expulser les étrangers en temps de guerre. V. Holtzendorff, *op. cit.,* p. 203.

généralement accordée sous condition de réciprocité (1).

94. — En dehors de ces privilèges, dont l'étude appartient autant à l'histoire du droit international privé qu'à celle du droit des gens, il importe de signaler la formation de certaines unions entre les États grecs, pour arriver à une solution meilleure des questions d'intérêt général. Ces questions étaient discutées et réglementées dans une sorte de congrès où les divers États avaient leurs représentants. Il y avait comme une organisation fédérative, une communauté des États, pour la satisfaction des intérêts généraux (2). Ces unions, ces assemblées de la Grèce, avaient pour objet primitif un but religieux, la célébration en commun de fêtes périodiques; on les appelait *amphictyonies*; la plus célèbre fut celle de Delphes. Un conseil d'amphictyons, composé de délégués des États, se réunissait à époques fixes et discutait les intérêts communs, et même des questions politiques : la ligue amphictyonique n'avait pas tardé en effet à sortir de son rôle tout religieux au début (3). Même on put voir le Conseil des amphictyons se constituer en tribunal suprême et rendre des décisions sur l'observation des règles du droit des gens (4). Il y avait ainsi, dans l'organisation de ces ligues, tout un système de représentation normale des États, au point de vue des relations extérieures.

(1) Cpr. Holtzendorff, *op. cit.*, § 53 et p. 193.

(2) D'après une remarque judicieuse d'Holtzendorff, *op. cit.*, p. 180 et 193, cette communauté des États grecs aurait son origine traditionnelle et sa forme idéale dans l'Iliade, qui poétise l'alliance commune des Hellènes contre les Troyens.

(3) Ainsi la ligue pouvait organiser la résistance contre un ennemi commun. Les alliances, conclues plus spécialement au point de vue militaire, prenaient le nom de *symmachies*. V. Holtzendorff, *op. cit.*, p. 193.

(4) Cpr. Holtzendorff, *op. cit.*, p. 196.

95. — Les Grecs n'ont pas ignoré non plus l'usage d'ambassadeurs temporaires, recevant, comme mandataires de l'État, mission d'exposer et de soutenir les prétentions de leur cité dans les négociations entamées. Ces ambassadeurs avaient droit au respect; ils étaient inviolables. De même, en temps de guerre, on garantissait la personne des messagers et des hérauts, porteurs des propositions de l'ennemi (1).

96. — Lorsqu'un conflit surgissait entre deux États, un arbitrage permettait souvent, comme aujourd'hui, de le résoudre. Parfois même, la clause d'un traité imposait, pour des conflits à venir, l'obligation de demander à un tribunal la solution du débat (2). Si la guerre devenait nécessaire pour décider entre les prétentions rivales, il était d'usage d'avertir par une déclaration préalable (3). Nous savons du reste que les Grecs avaient introduit, dans la pratique de la guerre, des idées d'humanité et entouré d'une protection certaines personnes et certains lieux.

97. — Un traité de paix mettait fin à la guerre; le traité n'était conclu d'ordinaire que pour un nombre limité d'années, ce qui en facilitait à la fois la conclusion et l'exécution, le vaincu conservant l'espoir d'effacer les conséquences de la défaite, au terme normal fixé par la convention. Les traités, dont le lien obligatoire était renforcé par un serment et par des cérémonies religieuses, étaient gravés sur

---

(1) Les hérauts étaient placés sous l'égide d'une divinité spéciale, appelée Thalthybios. Cpr. Holtzendorff, *op. cit.*, p. 198.

(2) V. Thucydide, I, 78, 140; IV, 118; V, 18, 79; VII, 18. Cpr. Holtzendorff, *op. cit.*, p. 200.

(3) V. Holtzendorff, *op. cit.*, p. 198.

des tables d'airain ou sur des colonnes et le texte en était conservé dans les sanctuaires des dieux (1).

Les coutumes internationales de la Grèce méritaient une mention spéciale ; le fait le plus intéressant à connaître est l'organisation d'une certaine communauté entre les États. Si les républiques grecques avaient admis en droit, pour chacune d'elles, l'égalité souveraine et indépendante, si la rivalité de Sparte et d'Athènes, en particulier, n'avait pas emporté la négation du principe de l'autonomie, la Grèce aurait, dans l'antiquité, rempli les conditions fondamentales du droit des gens moderne.

98. — Rome a non seulement combattu l'autonomie et l'indépendance des autres peuples, mais encore elle ne s'est jamais considérée, en dehors des dispositions formelles d'un traité, comme l'un des membres d'une communauté d'États, bien que la philosophie stoïcienne ait affirmé l'existence d'une société entre les hommes (2). Cependant l'histoire des relations extérieures de Rome est intéressante à consulter ; les rapports de Rome avec les cités voisines ont été soumis à un ensemble de règles, qui, plus que partout ailleurs dans l'ancien monde, présentaient un caractère juridique. Le peuple romain, dont le génie a su créer un droit privé remarquable, puisqu'il a servi de guide à la plupart des législations actuelles, devait concevoir, mieux que tout autre, la notion d'un droit applicable aux relations internationales. Tant que Rome trouva devant elle des adversaires, capables de lui disputer l'empire de l'Italie et plus tard l'empire du monde, c'est-à-dire jusqu'à la fin de la seconde guerre punique, elle

(1) Cpr. Holtzendorff, *op. cit.*, p. 200 et 201.
(2) V. Cic., *De off.*, 1, 7.

suivit, dans ses rapports avec les autres peuples, des règles dont elle regardait l'observation comme une chose juste et la violation comme une chose injuste ; en même temps, elle traitait les peuples, qui n'avaient pas encore reconnu sa suprématie, sur le pied de l'égalité et de la réciprocité. Après la bataille de Zama, la politique extérieure des Romains s'affranchit de la rigoureuse observation des règles anciennes et prit pour guide unique l'intérêt. La *Majesté* du peuple romain, comme plus tard celle des Césars, n'a plus conscience d'être liée par quelque obligation juridique envers les autres peuples. Le Sénat a recours aux menaces ; il donne des ordres, impose sa volonté, exige obéissance immédiate. La situation des peuples en rapports avec Rome se rapproche désormais de la situation faite aux cités alliées qui, après leur défaite, avaient conservé une pseudo-autonomie. Dans un système fédératif, où les traités assuraient à Rome l'hégémonie, les rapports avec les cités fédérées appartenaient en réalité à l'administration intérieure. Le gouvernement des alliés et des États soi-disant autonomes constituait une branche du droit public interne (1).

99. — Bien que les règles applicables à de véritables relations internationales aient ainsi perdu leur empire d'assez bonne heure à Rome, il n'en reste pas moins vrai d'affirmer leur existence et leur caractère juridique. Elles se réfèrent aux relations pacifiques, aux questions spéciales à l'état de guerre, à la réception et à l'envoi des ambassadeurs et à l'institution des féliaux.

(1) V. le développement de ces idées dans l'article déjà cité sur *le droit des gens dans les rapports de Rome avec les peuples de l'antiquité*, nos 10 et 11.

100. — Les Romains ont compris tout d'abord que des relations juridiques ne peuvent se former avec une agrégation quelconque d'individus; Cicéron donnait déjà de l'État une définition, qu'on lui emprunte encore volontiers aujourd'hui (1).

On avait donc déterminé, d'une manière assez précise, l'aptitude à participer au bénéfice du droit des gens. Il est vrai qu'à défaut de traité conclu avec un peuple, la règle se bornait au refus de toute protection légale; cette règle entraînait des conséquences curieuses, signalées par des textes juridiques, au point de vue de l'application du *jus postliminii* en temps de paix (2).

101. — Au reste, on sentit, de bonne heure, l'utilité de rendre plus faciles les relations, en les entourant d'une garantie normale. On eut recours, dans ce but, à des traités, à des conventions, qui créaient un lien de droit entre les cités et posaient les bases de leurs rapports communs.

On se contentait parfois d'un traité d'amitié ou d'un traité de commerce. Le plus souvent les traités, conclus sur la base d'une alliance entre deux ou plusieurs cités, se proposaient d'établir entre elles des relations fédératives, non seulement en vue d'une assistance mutuelle contre un ennemi commun, mais aussi dans le but de favoriser les transactions entre les membres de ces cités. En dehors de l'intérêt politique et des préoccupations religieuses, le traité contenait en effet la concession réciproque de certains avantages juridiques (*connubium, commercium, reci-*

(1) Cic., *De Rep.*, I, 25 : « *Est igitur Respublica res populi; populus autem non omnis hominum cœtus, quoquo modo congregatus, sed cœtus multitudinis juris consensu et utilitatis communione sociatus* ».

(2) V. article déjà cité, n° 15 ; cfr. Dig. l. 5, § 3, *De capt.*, XLIX, 15.

peratio). L'organisation d'une procédure régulière, à l'effet de juger les difficultés nées entre citoyens appartenant à des cités différentes, accuse surtout, dans ces traités, le souci de régler au mieux des rapports internationaux : on voulait éviter les conflits et les guerres et maintenir les bonnes relations pacifiques, en permettant d'obtenir, par un jugement régulier, réparation d'une lésion commise. L'étranger, coupable d'une offense contre l'État ou contre un particulier, était l'objet d'une demande d'*extradition* et, sur l'autorisation des pouvoirs publics de sa cité, il était remis à l'État poursuivant et jugé par un tribunal de récupérateurs (1).

102. — Les questions diverses, résolues dans les pactes d'alliance, étaient réglées sur le pied de l'égalité et de la réciprocité ; d'autre part, la notion du droit n'était pas étrangère à leur réglementation.

103. — Le traité, pris en lui-même, a la valeur d'un acte juridique soumis à des règles sensiblement analogues à celles des contrats entre particuliers.

Le droit public interne détermine, ainsi qu'il sied, la capacité nécessaire pour conclure le traité : le magistrat revêtu de l'*imperium* peut réaliser une convention avec un État étranger ; mais, s'il s'agit d'une convention ayant une portée durable et un caractère définitif, l'État, à défaut d'un assentiment préalable, conserve la faculté de se dégager et de tenir le pacte pour inefficace à son égard (2).

104. — La formation des conventions internationales accuse une analogie curieuse avec le droit privé. Elle

(1) V. article déjà cité, n°⁵ 17 à 20.
(2) Le général, dont le traité avait été désavoué, pouvait être l'objet d'une demande d'extradition. V. article déjà cité, n° 23.

exige un échange de volontés entre les parties contractantes, et dans une forme reconnue nécessaire pour la création d'un lien de droit. La *sponsio*, l'une des formes requises pour les traités, est voisine de la stipulation du droit privé : certains jurisconsultes signalaient même la *sponsio* comme présentant une exception à la règle qui défendait aux pérégrins l'emploi du verbe *spondeo* ; à leurs yeux, la théorie de la *sponsio* et celle de la *stipulatio* avaient donc un principe commun (1). Le traité, réalisé dans la forme la plus solennelle, le *fœdus*, n'est autre chose qu'une convention appuyée sur un serment ; c'est un trait de ressemblance avec le *jusjurandum liberti* ou le pacte prétorien muni de l'action de *jurejurando* (2).

105. — Le traité produit en outre les effets d'un acte juridique : il donne naissance à des obligations ; c'est une cause génératrice de droits (3). Sans doute, la sanction n'est pas aussi précise que dans le droit privé. Gaius parle d'une revendication *ex jure belli* (4) ; Tite-Live emploie le mot *condicere* (5). La sanction du droit, dans les relations internationales, réside seulement dans la possibilité d'entamer une « procédure », à l'appui de justes réclamations, et dans la faculté de déclarer une « guerre légitime » au peuple qui a refusé de souscrire aux réclamations formu-

(1) V. Gaius, *Comm.* III, § 94.
(2) V. article déjà cité n° 25. — Pour la preuve de la convention internationale on rédigeait parfois un écrit ; on peut le comparer à la *cautio* dans le droit privé.
(3) Gaius, *Comm.* III, § 94 : « *unde dicitur uno casu hoc verbo peregrinum quoque* OBLIGARI *posse, velut si imperator* »...
(4) Gaius, *loc. cit.* : « *quia si quid adversus pactionem fiat, non ex stipulatu agitur, sed jure belli res vindicatur.*
(5) Liv. I, 32.

lées. La différence, qui sépare le droit des gens du droit privé, c'est que la solution finale du procès appartient à la force, à défaut de juges chargés de prononcer une sentence décisive et exécutoire. Aussi convient-il d'accorder aux traités internationaux une place intermédiaire entre les contrats et les simples pactes (1).

106. — On doit encore signaler à Rome l'existence d'obligations internationales naissant *ex delicto*, à la suite d'une offense commise par un particulier. La cité, tenue par la faute d'un de ses membres, pouvait, si elle ne voulait pas fournir une satisfaction personnelle, se dégager en autorisant *l'extradition* et en opérant la *deditio* du coupable (2).

107. — Les questions, soulevées à propos des conflits entre États et des relations nées de l'état de guerre, étaient également soumises à des règles présentant un caractère juridique. Aux yeux des Romains, il n'y a de guerre véritable que celle déclarée par Rome à un autre peuple ou par un peuple voisin à la République. La lutte entre citoyens, membres d'une même cité, les brigandages commis par des bandes non organisées en États, ne sauraient constituer la guerre ni dépendre du droit des gens ; ce sont là des notions admises encore à l'heure actuelle. La guerre comporte à Rome l'égalité et la réciprocité de traitement ; la substitution du mot *hostis*, qui signifie « égal », au terme *perduellis* caractérise cette conception égalitaire.

108. — Il y a des droits de la guerre ; des textes nombreux en font foi. Sans doute, on ne rencontre pas, comme à notre époque, des prohibitions visant certains moyens

(1) V. article déjà cité, n°° 30 et 31.
(2) Il y a bien là quelque analogie avec *l'abandon noxal* dans le droit privé.

de nuire à l'ennemi. Au lieu d'obéir au principe protecteur de la propriété privée et des personnes inoffensives, le vainqueur avait un droit de disposition, sans limite juridique, sur les personnes et sur les biens du peuple vaincu. Il est par ailleurs douteux, malgré l'argument fourni par un passage de Cicéron, que les Romains aient admis, au point de vue du droit des gens, la nécessité d'une distinction entre les combattants et les non combattants (1). On trouve en revanche, dans les rapports conventionnels entre belligérants, un principe certain : c'est l'obligation d'exécuter la promesse faite à l'ennemi ; on se croyait lié par la parole donnée et tenu d'exécuter ses engagements de « bonne foi » et non pas seulement d'après une interprétation étroite et déloyale des termes de la convention (2).

109. — Le caractère juridique de l'état de guerre ressort avec une clarté saisissante des formalités de la « déclaration » et des conditions exigées pour que la guerre soit regardée comme juste (*justum piumque bellum*). La déclaration de guerre était une véritable procédure à trois phases distinctes. La première, qui comprend deux formalités, séparées par un intervalle de trente-trois jours, est une demande solennelle, portée chez l'adversaire, à l'effet d'obtenir satisfaction. C'est l'affirmation des droits prétendus violés ; cette phase (*indictio, condictio, denuntiatio*) rappelle les formalités qui, dans la *legis actio per sacramentum*, précèdent la demande du juge. La seconde phase, qui se passe à Rome, comporte la décision des pouvoirs publics sur l'opportunité et la légitimité de la guerre et, en particulier,

(1) V. article déjà cité n° 38; Cic. *De off.*, I, 11.
(2) V. article déjà cité n° 39; Cic. *De off.*, I, 10, 13; Gel. N. A. VII, 18.

l'avis du Sénat; c'est le pendant de la sentence du juge dans le procès privé. Enfin, dans la troisième phase, les *fétiaux* annoncent, en lançant le javelot sur le sol étranger, le recours à la force et l'ouverture des hostilités; c'est le commencement d'une voie d'exécution et cette troisième phase se rapproche de la *manus injectio* (1).

L'analogie entre la déclaration de guerre et les actions de la loi, plus sensible encore quand on étudie les détails des deux procédures (2), est susceptible d'une explication : dans le vieux droit des Quirites, la sanction du droit privé consistait dans la possibilité de recourir à la force, pour obtenir satisfaction ; la conception de la guerre était identique, puisqu'elle comportait l'emploi de la force collective du peuple, à l'effet d'imposer une réparation légitime; il devait par suite exister, dans le très ancien droit sacré, des formules à peu près semblables, s'appliquant au règlement des contestations nées soit entre personnes privées, soit entre cités différentes. Quoi qu'il en soit, l'analogie certaine entre les *legis actiones* et la procédure de la déclaration de guerre démontre le caractère juridique que les Romains assignaient à l'emploi de la force, dans la solution des conflits internationaux.

110. — A défaut d'un système de légations permanentes, chargées de représenter à l'étranger la souveraineté de l'État, les Romains, dans leurs rapports avec les autres peuples, se servaient de mandataires, d'ambassadeurs chargés d'une mission spéciale. Le droit d'envoyer à un peuple voisin des ambassadeurs n'était pas considéré comme un droit absolu, dérivant du fait même de la coexis-

(1) V. article déjà cité n⁰ˢ 11 à 15, Liv. I, 32.
(2) V. article déjà cité n⁰ˢ 15 à 50.

tence des États ; il fallait un traité préalable ou une concession expresse et spéciale de la cité, qui consentait à recevoir les mandataires députés vers elle. La cité, qui accueille des ambassadeurs, peut réglementer leur admission et leur séjour dans la ville ; elle leur accorde l'hospitalité et observe vis-à-vis d'eux des usages de politesse et de courtoisie (1) ; mais ce ne sont là que des égards facultatifs. La seule règle obligatoire consiste dans l'inviolabilité de la personne des envoyés. L'ambassadeur est un personnage sacré, protégé par le droit des gens, et c'est cette garantie qui constitue le *jus legatorum* ou *jus legationis*, dont parlent les textes. S'il est impossible d'affirmer que les Romains aient admis, comme complément de protection, l'immunité de juridiction en matière civile (2), on peut soutenir au moins que les ambassadeurs possédaient une certaine immunité, au point de vue de la justice répressive (3).

111. — Enfin les Romains et les peuples voisins avaient institué une véritable magistrature internationale. Le collège des fétiaux exerçait en effet son action dans la sphère des rapports entre cités indépendantes, dans le domaine du droit des gens. A la fois prêtres et magistrats, ils avaient mission de représenter l'État dans certaines circonstances ; on leur soumettait, au moins au début, la légitimité des

(1) On peut considérer ces usages comme le premier germe de la *Comitas gentium* V. article déjà cité n° 58.

(2) Les textes du Digeste, que l'on pourrait invoquer en sens contraire, se réfèrent à des *legati*, chargés de porter à l'empereur les pétitions de leurs villes et non à des ambassadeurs, ayant le caractère d'agents diplomatiques. V. l. 2, § 3 à 7 ; l. 28 § 1, Dig. *De jud.* V, 1.

(3). V. Sall. *Jugurtha*, 32 à 33. Article déjà cité n° 61.

réparations demandées ; enfin ils étaient chargés de l'interprétation, en quelque sorte législative, des préceptes relatifs aux relations internationales. Ils avaient la surveillance des archives écrites ; gardiens des traditions et des rites, ils avaient le secret des règles et des formules dont l'ensemble constituait le *jus fetiale* (1).

112. — On ne saurait donc prétendre que la violence et la force brutale, mises au service des intérêts politiques, aient seules dirigé la conduite des Romains à l'égard des autres peuples (2). Rome, au contraire, sut obéir à des usages, à des règles, et ces règles, ces usages n'étaient pas seulement des préceptes religieux. Bien que l'influence de la religion soit sensible dans les relations extérieures des peuples de l'antiquité, comme dans les autres branches du droit, on ne doit pas refuser aux préceptes internationaux un caractère juridique ; ces préceptes faisaient partie du *fas*, c'est-à-dire de cette portion du droit qui, d'après les anciens, avait pour origine la volonté des dieux. Un principe domine les règles du droit des gens admises par Rome et leur sert de base commune ; c'est le principe moral de l'*æquitas*, la notion de la *bona fides*, que l'on retrouve ensuite dans le droit privé, applicable aux pérégrins et enfin dans le droit civil lui-même. Ainsi la notion de la *bona fides*, fondement des rapports juridiques entre les peuples, à l'époque où l'on trouvait en contact des cités indépendantes, où il y avait par suite place pour un droit des gens, dominait encore, après de longs siècles, mais dans un droit privé, universel, applicable à tous les sujets d'un

(1) V. article déjà cité, n°ˢ 63 et 64 ; Weiss, *Le droit fétial et les fétiaux à Rome*, dans la *France judiciaire*, 1882-1883, 1ʳᵉ partie.

(2) V. article déjà cité, n°ˢ 65 à 68.

empire, dont l'énorme développement avait supprimé la possibilité même des rapports internationaux.

c. — Les théories et les ouvrages relatifs au droit des gens.

113. — Dans l'antiquité il n'y a pas, à proprement parler, de théories sur le droit des gens et aucun auteur n'a traité dans leur ensemble les questions internationales. On rencontre seulement, çà et là, quelques lignes intéressantes, soit dans les historiens, soit dans les philosophes, soit enfin dans certains textes juridiques (1). On a bien mis en lumière la notion d'une société universelle existant entre les hommes; l'idée de l'humanité, formant un tout, un être collectif, n'était pas inconnue de la philosophie antique. Mais on ne peut regarder l'expression de cette pensée comme suffisante pour révéler la conception d'un droit applicable à une « communauté d'États » juridiquement organisée. Cicéron est peut-être celui des auteurs qui s'est approché le plus près de la notion moderne du droit des gens, sans pourtant jamais l'atteindre ; le *De Republica* et le *De Officiis*, en particulier, renferment plus d'un passage digne d'attention. Le droit des gens ne pouvait être compris, d'une façon convenable, par l'antiquité; car elle ignorait l'une des conditions essentielles au développement harmonieux de ce droit, la notion de l'État moderne, possédant un droit primitif et absolu à l'autonomie et à l'indépendance. Cette notion ne s'est développée que lentement, à travers les siècles qui ont suivi l'invasion des barbares,

(1) V. les textes cités de Tite-Live, Cicéron, Gaius, et les passages du Digeste indiqués dans l'article sur le droit des gens à Rome.

c'est-à-dire pendant la seconde période de l'histoire du droit des gens.

§ 13. — Le Moyen âge.

114. — La prise de Rome par les barbares et la chute de l'empire d'Occident détruisaient l'unité de la domination romaine et allaient rétablir le fait de la coexistence de souverainetés diverses, condition indispensable pour que l'on puisse concevoir des relations internationales.

On peut distinguer trois phases dans l'histoire des événements qui suivent cet événement capital, le morcellement de l'empire romain : la première comprend toute la période de la domination des barbares en Occident, celle où les Germains s'établissent et commandent dans les diverses contrées de l'Europe ; la deuxième, qui est l'époque proprement dite du moyen âge, commence avec la chute des Carlovingiens et l'établissement définitif et régulier du système féodal ; la troisième enfin est une époque de transition entre le moyen âge et les temps modernes ; elle comprend les XV⁴ et XVI⁴ siècles.

A. — LA PÉRIODE DE L'INVASION DES BARBARES.

a. — *Il n'y a lieu de se préoccuper ni des usages*
internationaux, ni
des théories émises sur le droit des gens.

115. — L'invasion des barbares mit en contact les populations germaines et les peuples qui occupaient la Bretagne, la Gaule, l'Italie et l'Espagne ; elle substitua des chefs germains aux administrateurs romains. Il est inutile de rechercher, durant cette période, les faits constitutifs des usages et des coutumes du droit des gens moderne ; il n'y a pas à tenir compte non plus du mouvement des idées et des théories sur le droit des gens. A vrai dire, la notion d'un droit international public est complètement inconnue pendant cette époque troublée, pleine de bouleversements, où l'on voit les barbares se presser sur la frontière de la Germanie, arriver par invasions successives et lutter contre ceux qui les avaient précédés, pour les déposséder et leur enlever la domination. Comment trouver les traces de coutumes internationales chez ces peuples à demi sauvages, pour qui la force et la violence étaient la loi suprême ? Lorsqu'on assiste aux dissensions intestines qui déchiraient les familles des chefs germains, quand on voit Clovis et ses successeurs recourir à l'assassinat pour se débarrasser de leurs compétiteurs, on n'est pas surpris de retrouver la ruse et la perfidie dans les rapports entre les diverses souverainetés ; la parole donnée, les conventions entre les chefs étaient rarement respectées, malgré le soin que l'on prenait de les renforcer par des serments religieux sur les livres sacrés. Les guerres étaient violentes et le pillage était la récompense offerte aux soldats victorieux. Peut-être convient-il toutefois de retenir cet esprit de bravoure, que la religion d'Odin avait inculqué aux Germains et qui, se purifiant, contribua plus tard à préparer les sentiments chevaleresques, dont l'influence sut introduire, dans la pratique de la guerre, des coutumes bienfaisantes et humanitaires (1).

(1) Cette filiation est assez bien marquée dans les poëmes qui

b. — *La tendance particulariste des races.*

116. — L'invasion des barbares, au point de vue de l'histoire du droit des gens, eut pourtant une conséquence remarquable. Après avoir brisé la domination unitaire des Romains, les barbares ont apporté le premier germe de « l'individualisme » des races. Les tribus germaines, animées d'un vif sentiment d'indépendance, tenaient, d'une part, à leurs mœurs et à leurs institutions et, d'autre part, ne cherchaient nullement à plier les populations vaincues à leurs habitudes ; les Germains laissaient aux peuples, établis avant eux sur le sol conquis, leur législation : l'unité de droit ne leur paraissait, en aucune façon, désirable (1). Chacune des races en présence, la population vaincue et les tribus conquérantes, obéit pendant longtemps à ses règles propres ; les Germains, entrés dans l'ancien monde romain, se comportèrent comme le ferait aujourd'hui une armée d'occupation dans un pays envahi. C'est le système de la *personnalité* du droit qui domine ; la tendance particulariste des peuples a remplacé l'État et le droit universel des Romains.

On assiste par ailleurs à des essais de création d'États, sous forme monarchique, avec concentration du pouvoir. Clovis, le premier, réunit sous sa domination un territoire important. Charlemagne commanda à tout l'empire barbare et, par sa conquête de la Germanie, il mit fin aux mouvements de l'invasion. Mais ces souverainetés, pour un moment constituées, étaient bien éloignées de la notion

ont conté les exploits idéalisés des compagnons de Charlemagne, par exemple dans la chanson de Roland.

(1) Cpr. Holtzendorff, *op. cit.*, p. 284.

moderne de l'État ; elles se démembraient à la suite de partages successoraux ; on n'avait pas encore conscience de l'unité morale de l'État, indépendante des changements susceptibles de se produire dans la personne du prince. Il fallait auparavant qu'une fusion plus intime s'opérât entre des éléments divers, qui n'étaient encore que juxtaposés ; il fallait que l'absorption lente du monde barbare par la population latine put fournir le germe de nationalités mieux définies, différenciées par la proportion variable des éléments entrés dans leur composition.

Cette fusion, ce mélange intime des Germains et des peuples conquis par eux, s'achèvent sous les derniers successeurs de Charlemagne ; la marque extérieure de ce phénomène se manifeste dans la naissance des langues romanes, d'où sont sorties les langues modernes ; elle s'affirme encore dans le système de la *réalité* des lois, qui succède à celui de la personnalité, transformation en connexité étroite avec l'établissement du régime féodal.

B. — LA PÉRIODE FÉODALE.

a. — *La tendance particulariste des races et la tendance cosmopolite.*

117. — L'institution du fief et l'évolution du fief personnel en fief héréditaire, en un mot l'organisation définitive de la féodalité, eurent pour résultat immédiat un morcellement excessif de la souveraineté. L'Europe occidentale se trouva divisée en un grand nombre de petits États, ou mieux en une foule de « propriétés » ; on eut le spectacle de rapports entre « possesseur » de fiefs, plutôt que celui de relations entre souverains des peuples. Et encore s'agit-il de rapports entre dominations jalouses et exclusives ; tous ces petits États s'enferment dans leurs frontières et cherchent à éviter le contact et la pénétration du voisin. Les droits *d'aubaine* et de *naufrage* donnent la preuve la plus sensible de l'exclusivisme étroit qui suivit l'émiettement de la souveraineté.

Cependant le système féodal a contribué, d'une façon très appréciable, à préparer la notion de l'État moderne. L'hérédité du fief, jointe au principe de l'indivisibilité, rompait heureusement avec l'usage du partage successoral, si nuisible sous les Mérovingiens et les Carlovingiens, et marquait le premier pas vers l'unité de l'État ; en même temps, le système de la territorialité des lois venait à l'appui de cette conception nouvelle ; les esprits s'habituaient peu à peu à l'idée d'une souveraineté perpétuée, s'exerçant dans les limites d'un territoire déterminé.

118. — Malheureusement le morcellement indéfini du pouvoir et l'exclusivisme des seigneurs féodaux risquaient d'étouffer la tendance cosmopolite et de mettre obstacle à toute tentative faite dans le but de nouer des relations normales entre les peuples et de favoriser, dans l'intérêt général, la pénétration réciproque des races et le commerce mutuel entre les hommes. Les barrières devaient pourtant s'abaisser ; plusieurs causes ont concouru, malgré les dominations jalouses des possesseurs de fiefs, à développer l'idée du cosmopolitisme, à faciliter les rapprochements et les rapports des peuples et à établir entre eux une certaine communauté de mœurs, d'habitudes et d'institutions.

119. — Tout d'abord, la généralisation du régime féodal formait un lien commun pour les fractions multiples

du territoire de l'Europe. La féodalité, en effet, s'était répandue dans tout le monde chrétien, sous un type à peu près uniforme. L'Europe féodale était alors une véritable « communauté de fiefs » juridiquement organisée, d'après les principes du droit féodal ; on peut dire qu'à cette époque le droit des gens, celui qui préside aux relations entre souverainetés voisines, a sa formule dans les règles qui régissent les relations de vassal à suzerain, règles pourvues certainement d'un caractère juridique (1). Mais, à la différence du droit des gens moderne, le droit féodal, loin de régir des souverainetés égales et indépendantes, établit toute une hiérarchie et organise des relations entre souverainetés inégales et dépendantes les unes des autres ; la chaîne féodale est l'antithèse du droit des gens moderne. Néanmoins le régime des fiefs, grâce à sa généralité et à l'uniformité de son organisation, doit être compté parmi les causes qui ont contribué à la formation de la conscience juridique des peuples et ont amené ceux-ci à comprendre l'existence d'une communauté entre les États et la nécessité de règles applicables aux rapports de ces États.

120. — La religion a fourni un autre lien commun aux peuples de l'Europe. Après l'invasion des barbares, le prosélytisme de l'Église chrétienne put s'exercer avec le plus grand profit ; le christianisme n'eut même, à la vérité, de portée internationale qu'après la chute de l'empire d'Oc-

---

(1) Des relations de vassal à suzerain pouvaient parfaitement exister entre seigneurs de divers pays; c'est ce qui avait lieu par exemple pour les rois d'Angleterre et de France. — Littré (*Études sur les barbares et le moyen âge*, p. 1, sommaire) fait aussi remarquer que du développement ascendant du christianisme « est sorti le moyen âge catholique et féodal, qui organisa l'Europe en une sorte de fédération et de corps politique ».

cident (1). Loin d'accentuer l'inimitié des races, comme les dieux du paganisme, propres à chaque cité, ennemis et jaloux des dieux voisins, le christianisme apportait l'idée féconde de l'unité du genre humain et de la fraternité des peuples (2). Aucune autre force ne pouvait, au même degré, avoir prise sur la barbarie, la combattre et la réduire. Les missions chrétiennes, les moines, propagent la religion du Christ, pénètrent au milieu des barbares, les appellent à la vie civilisée et leur enseignent les premiers rudiments d'une organisation politique (3). En même temps tous les peuples, unis dans la même religion, commençaient à se sentir membres d'une même famille. L'influence religieuse alla s'accentuant, à mesure que la rudesse des barbares s'effaçait et elle atteignit son apogée pendant le moyen âge. A cette époque, il y a aussi une communauté entre les États au point de vue spirituel et religieux : en face du morcellement féodal, il y a l'unité de l'Europe chrétienne. Et même, par quelques-unes de ses institutions, l'Église figurait assez bien l'aspect actuel du droit des gens ; en effet, les conciles nationaux étaient la représentation de l'État moderne, tandis que les conciles œcuméniques, émanations de la communauté chrétienne, étaient le pendant de nos *Congrès* : l'analogie est d'autant plus vraie que les conciles sont sortis maintes fois de la sphère des intérêts religieux, pour traiter des questions politiques. Les conciles œcuméniques ont examiné et jugé des conflits entre les princes ; ces grandes assemblées chrétiennes

(1) V. Holtzendorff, *op. cit.*, p. 262.

(2) Cette idée est surtout exprimée dans les écrits de St Paul.

(3) V. Littré, *op. cit. Les Moines d'Occident.* Holtzendorff, *op. cit.*, § 66.

avaient comme un pouvoir législatif et judiciaire, s'exerçant jusque dans le domaine international (1).

121. — Lorsque les papes eurent réussi, dans la constitution intérieure de l'Église, à imposer leur autorité et à
centraliser le pouvoir entre leurs mains, les conciles perdi-
rent de leur importance. Mais les papes, qui représentèrent
alors l'unité chrétienne, exercèrent une influence plus con-
tinue et plus décisive sur les affaires politiques. Aidé des
renseignements fournis sur les princes et les peuples par
les missions et les légats, délégués du Saint-Siège, le pape,
armé en outre de l'autorité spirituelle et de la menace d'ex-
communication, prétend à la suprématie universelle dans
les questions internationales aussi bien que dans les affaires intérieures de chaque pays. On put croire, à un moment,
que l'Europe chrétienne, que la communauté des peuples,
auraient un législateur, un juge, une autorité supérieure
chargée de dicter des lois, de résoudre les conflits et de
faire exécuter des décisions. Le pape s'attribuait le droit
d'annuler les traités, de dégager les princes du serment
prêté pour la garantie d'une convention conclue ; il inter-
venait dans les conflits et voulait juger en arbitre souverain. Grégoire VII soutint que le spirituel était plus élevé
que le temporel, que le pape pouvait trancher les différends
politiques et déposer les princes, qui auraient attenté à la
majesté de l'Église (2). La bulle *Unam Sanctam*, promulguée par Boniface VIII, à l'occasion du conflit entre le roi
de France et la papauté, contient l'expression la plus hardie
des prétentions du Saint-Siège (3).

(1) V. Holtzendorff, p. 273.
(2) Cpr. Holtzendorff, *op. cit.*, p. 278 et 279.
(3) Cpr. Holtzendorff, *op. cit.*, p. 278.

Ces prétentions rencontrèrent des résistances naturelles auprès des princes. Le conflit entre le temporel et le spirituel, particulièrement aigu en Allemagne, où il avait pris naissance, à propos de la question des investitures, fut enfin résolu contre la suprématie de l'autorité pontificale (1). On comprit, de part et d'autre, la nécessité de se faire des concessions et d'opérer une transaction : de là l'origine des concordats, qui se présentent d'abord comme des promesses unilatérales, émanées de chacune des parties (2), et qui se rapprochent ensuite des conventions entre souverains et participent de la nature des traités internationaux.

La solution du conflit entre le temporel et le spirituel commençait à soustraire le droit des gens à l'influence religieuse et allait lui permettre de se placer sur son véritable terrain (3). Toutefois, du rôle prépondérant joué par le chef de l'Église, une conséquence devait subsister jusqu'à nos jours : la papauté, même après avoir perdu son domaine temporel, demeure, au seul point de vue spirituel, une puissance internationale ; c'est un des sujets du droit des gens.

122. — L'Église chrétienne n'eut pas seulement pour effet de fournir, au moyen âge, un trait d'union entre les diverses souverainetés, de les réunir en une véritable communauté, dirigée par les conciles et le pape, et de jeter

(1) Le pape, qui sacrait l'empereur, voulait affirmer sa suzeraineté ; l'empereur puisa dans le droit romain des arguments contre la suprématie de l'Église. Cpr. Holtzendorff, *op. cit.*, p. 288 et 289.

(2) Cpr. Holtzendorff, *op. cit.*, p. 279.

(3) Déjà, au XVIe siècle, l'autorité des décisions du pape, dans les affaires internationales, est bien amoindrie ; ainsi l'on n'eut que fort peu d'égards pour les mesures prises par Alexandre VI, lors du partage du Nouveau-Monde entre les Espagnols et les Portugais.

ainsi les premiers fondements de la société juridique, qui existe aujourd'hui entre les États ; elle a encore influencé, comme nous le verrons, les usages internationaux. Ses docteurs ont en outre semé, les premiers, des notions juridiques touchant les relations internationales. Le rôle de l'Église, dans le droit des gens, a donc une importance considérable.

123. — La communauté des États chrétiens eut l'occasion, sous l'impulsion religieuse et la direction de l'Église, d'affirmer son unité, d'une façon saisissante et matérielle, dans sa lutte contre l'Islamisme. Les croisades sont, au moyen âge l'un des phénomènes importants, qui ont contribué au progrès du droit des gens. D'une part, elles ont rapproché, sur les champs de bataille, les peuples attachés au christianisme et fortifié par suite la conscience de leur union ; d'autre part, elles ont élargi le cercle des relations internationales et mis en contact des peuples de races, de mœurs et de religions distinctes. Ce résultat n'est pas moins important que le premier : l'existence d'une communauté, bornée aux seuls États chrétiens, menaçait d'étouffer la notion véritable du droit des gens, laquelle doit être indépendante de la religion des États. On en était arrivé à croire qu'il n'y avait pas de lien de droit entre les chrétiens et les païens ou infidèles (1). L'Église résumait sa mission, vis-à-vis des peuples non chrétiens, dans la nécessité d'une conversion entreprise même par la force des armes ; la propagande religieuse devait lancer l'Europe chrétienne contre la religion du Prophète, également intolérante, prescrivant comme un devoir la guerre aux non croyants et animée,

(1) On s'appuyait même, pour le soutenir, sur le droit romain. — V. l'explication rapportée dans Heffter, *op. cit.*, p. 11, note 1.

elle aussi, d'un esprit de prosélytisme, dont l'ardeur avait amené déjà un premier choc, lors de l'invasion des Arabes à travers l'Espagne et la Gaule.

Les croisades n'eurent pas seulement pour résultat une influence réciproque des deux civilisations, sur les mœurs et sur quelques institutions (1) ; elles habituèrent aussi les esprits, en Europe, à ne plus laisser en dehors de la société humaine un peuple, dont la force militaire avait brillé avec éclat ; il devint impossible de considérer les Turcs comme une valeur négligeable, surtout après la prise de Constantinople, qui les plaçait au rang de puissance européenne. Cette évolution dans les idées se manifesta, à la fin du moyen âge, par un événement intéressant, la conclusion d'un traité entre François Ier et Soliman ; ce traité d'alliance, entre un prince chrétien et le sultan, inaugurait l'existence de rapports réguliers avec les Mahométans (2). C'était un pas décisif vers la conception exacte du droit des gens, dans le sens d'une communauté assez large pour englober tous les peuples.

Les croisades eurent d'autres conséquences secondaires : elles ont, sans aucun doute, contribué à généraliser certaines coutumes humanitaires dans la pratique de la guerre. La chevalerie chrétienne, réunie dans une pensée commune, y trouva l'occasion d'améliorer ses prescriptions et d'en rendre la teneur plus uniforme. D'autre part, comme le droit de la guerre des Arabes n'était pas inhumain (3),

(1) Par exemple la chevalerie.

(2) On pourrait en trouver le premier germe dans une ambassade envoyée, d'après la plupart des historiens, par le calife de Bagdad à Charlemagne.

(3) Les règles de ce droit sont indiquées dans différents ouvrages arabes, dont l'un remonte au XIIe siècle. — Holtzendorff, *op. cit.,*

il fut assez facile de s'entendre sur plusieurs points et de pratiquer quelques règles communes. Les croisades ont encore eu pour effet de dévoiler à l'Occident la science que les Arabes avaient puisée chez les Grecs, et de renouer la chaîne de la civilisation gréco-latine (1). Enfin les hommes, à la suite de ces guerres lointaines et des pélerinages aux lieux saints, s'accoutumèrent à quitter leur patrie, à élargir le cercle de leurs relations et de leur commerce ; la navigation prit un essor sensible et l'on vit les villes commerçantes, en particulier les républiques italiennes, fonder des établissements en Asie-Mineure et obtenir des privilèges pour la protection de leurs sujets ; ce fut l'origine des *consulats*.

124. — Du reste, l'effort des villes et des corporations commerçantes, au moyen âge, et leur influence sur le droit des gens méritent une attention toute spéciale. Les opérations commerciales ont montré aux hommes qu'ils avaient des besoins communs à satisfaire et, malgré les barrières féodales, elles ont établi des relations entre sujets de différents États ; elles ont fait sentir la nécessité d'avoir des règles uniformes sur certains points ; elles ont donc été l'un des facteurs de la tendance cosmopolite des hommes vers la communauté de droit. Dans le commerce de terre, les villes italiennes se placèrent à la tête du mouvement ; on leur doit, outre l'origine des consulats, la généralisation d'usages commerciaux, très probablement la création

p. 270, en résume les traits principaux : obligation d'une déclaration de guerre préalable ; respect des personnes inoffensives, femmes, enfants, vieillards, aliénés, estropiés ; prohibitions concernant la mutilation des vaincus, la violation des parlementaires, l'empoisonnement des fontaines et des sources.

(1) V. Holtzendorff, *op. cit.*, §§ 67 et 80.

de la lettre de change et du billet à ordre, véritables monnaies internationales. Dans le commerce par mer, leur influence est encore sensible sur la formation des coutumes de droit maritime ; c'est à elles que revient la plus ancienne rédaction de ces coutumes, la *Table Amalfitaine*. Mais il y eut d'autres centres d'élaboration de ces coutumes et d'autres rédactions plus importantes, par exemple le *Consulat de la mer* (1).

125. — Un autre groupe de cités commerçantes a su imposer des progrès considérables dans les questions maritimes ; il s'agit du rôle joué, au moyen âge, par la ligue Hanséatique. Dans le nord de l'Europe, le commerce et surtout la navigation maritime rencontraient plus d'entraves que dans le midi ; les navires étaient exposés non seulement aux entreprises des pirates danois, mais encore aux exigences des seigneurs féodaux : ceux-ci exerçaient le droit d'épave, percevaient des péages maritimes, affichaient des prétentions à la propriété exclusive de certaines mers et parfois même s'organisaient pour une véritable piraterie (2). Devant ces difficultés, les corporations municipales des villes commerçantes du nord furent amenées à s'unir pour la défense de leurs intérêts menacés ; la ligue Hanséatique fut le produit d'une solidarité nécessaire à la satisfaction de besoins communs ; elle réussit, soit par la force, soit par l'habileté de sa politique, en se faisant consentir des privilèges, à restreindre la plupart des entraves apportées à la navigation.

126. — En résumé, pendant la période féodale du moyen âge, tandis que le régime des fiefs servit de point de départ

(1) V. Holtzendorff, *op. cit.*, p. 311.
(2) V. Holtzendorff, *op. cit.*, p. 308.

à l'unité territoriale de l'État et au principe futur de son autonomie, d'autres causes contribuèrent au développement des relations internationales et à la tendance cosmopolite et répandirent la notion d'une communauté juridique entre les États ; ces causes résident dans la généralité du système féodal, dans l'influence du christianisme, dans l'action des croisades et dans le mouvement commercial. En même temps commençaient à naître certains usages internationaux, origine des règles actuelles du droit des gens.

b. — *Usages internationaux.*

127. — J'ai déjà signalé le progrès accompli dans les questions relatives à la navigation. Le *Consulat de la mer* contient, à cet égard, des prescriptions intéressantes (1) ; d'autre part la ligue Hanséatique lutta, dans son intérêt, pour le principe de la liberté des mers ; elle créa des relations régulières entre la mer du Nord d'un côté, la Baltique et les côtes de France et d'Espagne de l'autre (2). Grâce aux franchises et aux privilèges obtenus, elle diminua l'exercice du droit d'épave et prépara sa transformation en une simple indemnité pour le sauveteur. Elle fit accorder des droits favorables à ceux de ses membres obligés de séjourner dans les ports étrangers, ce qui peut être considéré comme l'origine lointaine de la situation privilégiée faite aux personnes qui composent l'équipage des navires (3).

(1) Le *Consulat de la mer* renferme des règles applicables aux litiges relatifs à la navigation, en temps de paix et en temps de guerre. V. Wheaton, *Histoire des progrès du droit des gens,* 4ᵉ éd., p. 71 et s.

(2) V. Holtzendorff, *op. cit.,* p. 320.

(3) A noter aussi la création des *amirautés* au XIIIᵉ siècle. V. Holt-

128. — On doit au midi la première pratique des institutions consulaires. Lorsqu'à la suite du développement du commerce maritime, les villes italiennes fondèrent à l'étranger des comptoirs permanents, elles se préoccupèrent d'assurer à leurs sujets, établis dans ces colonies, une protection indispensable et le bénéfice d'une juridiction chargée d'appliquer les lois de la mère-patrie. On nommait un *consul* pour diriger, au point de vue administratif et judiciaire, les intérêts communs des marchands fixés à l'étranger. L'application de la loi nationale et l'exercice d'une justice propre à ces corporations commerçantes étaient le résultat de privilèges et de coutumes, dont l'existence s'explique, si l'on songe que leur origine remonte à une époque où le système de la personnalité des lois avait encore quelques racines(1); car ces privilèges et ces coutumes font échec au principe de la territorialité des lois. L'institution des consulats s'est généralisée assez vite; mais elle a perdu, par la suite, de son importance, et son caractère primitif s'est modifié : institution, pour ainsi dire privée, au début, puisqu'elle émanait de l'initiative des corporations, désignant elles-mêmes le consul, elle est devenue, presque partout, une fonction publique; le souverain, plus jaloux qu'autrefois de son autorité sur les nationaux établis à l'étranger, choisit les consuls; d'autre part, la souveraineté territoriale s'est montrée de plus en plus exclusive pour l'administration de la justice et le consul a perdu,

zendorff, *op. cit.*, p. 309. On commença alors à réglementer les *prises maritimes.* V. Wheaton, *Histoire des progrès du droit des gens,* 4ᵉ édit., p. 76.

(1) Cette origine semble remonter jusqu'au XIᵉ siècle. V. Holtzendorff. *op. cit.*, p. 314.

presque partout aussi, son droit de juridiction (1). Enfin l'établissement des légations permanentes enleva aux consuls les fonctions diplomatiques, dont ils étaient parfois revêtus (2).

129. — Les rapports entre souverains et seigneurs étaient facilités par l'intermédiaire d'ambassadeurs, de hérauts, utilisés surtout, à l'époque féodale, pendant la durée des hostilités.

Le moyen âge demeura fidèle à la tradition romaine de l'inviolabilité acquise à ces mandataires ; ce principe avait encore un appui dans le respect tout spécial dont profitaient les envoyés du pape. Le Souverain Pontife avait des légats, accrédités à demeure à Constantinople et auprès des rois francs : le droit canonique, qui enlevait le clergé à la juridiction des tribunaux séculiers, assurait à ces légats une sorte d'immunité de juridiction ; en outre le caractère sacré de leur personne les faisait paraître plus dignes de respect et venait confirmer l'inviolabilité, dont on entourait en général les ambassadeurs (3).

130. — Les conventions entre les princes, les traités internationaux sont fréquents au moyen âge. D'ordinaire, on confirme leur autorité au moyen du serment ; cette pratique devait préparer plus aisément les esprits à comprendre qu'un engagement sérieux résultait de la parole donnée : du moment où l'on ne pouvait être délié que par

(1) Il n'en fut autrement que dans les pays où la justice locale n'était pas organisée avec des garanties suffisantes.

(2) V. Holtzendorff, p. 316.

(3) Déjà, à cette époque, ce qu'on appelle la diplomatie commençait à naître, non seulement dans l'action politique de la papauté, mais encore dans celle des républiques italiennes, de Venise en particulier. — V. Holtzendorff, *op. cit.*, p. 311.

l'intervention étrangère de l'Église annulant le serment, on arrivait à concevoir que la convention créait un lien, indépendant de la volonté des contractants : c'était un acheminement vers la notion plus pure de l'obligation juridique.

131. — Les usages et coutumes de la guerre reçurent, au moyen âge, une impulsion marquée. On s'efforça d'abord d'établir une distinction entre la guerre internationale et la querelle privée, confondues chez les Germains : pour eux, en effet, le droit de porter les armes entraînait la faculté d'entreprendre la guerre au dehors et celle de se faire justice à soi-même. L'Église d'abord, puis les princes, à mesure que leur autorité s'accrut, ont cherché, au moyen des « trêves », à protéger certaines personnes et certaines choses (1). Cette espèce de *neutralisation*, qui assurait une garantie normale aux personnes et aux choses protégées, contenait aussi le germe des idées humanitaires, dont le développement devait séparer le droit de la guerre actuelle de celui de l'antiquité (2).

132. — Une autre cause, la chevalerie, contribua davantage encore à humaniser la guerre. Cette institution eut un ascendant universel ; elle imposa des usages communs ; elle établit des coutumes, applicables en temps de guerre, égales pour tous, sans distinction de nationalité. Grâce à ses traditions d'honneur, de courtoisie et de politesse, grâce à son culte pour la femme, grâce aussi à sa

---

(1) On protégea surtout les femmes, le clergé, les juifs, les tribunaux, les églises, les cimetières. V. Holtzendorff, *op. cit.*, p. 297.

(2) L'un des résultats les plus appréciables des progrès réalisés au moyen âge, réside dans la suppression de l'esclavage, encouru par les prisonniers de guerre.

bravoure, la chevalerie avait promulgué tout un code de règles, inspirées par les idées les plus nobles. L'honneur des chevaliers interdisait les massacres inutiles, l'insulte faite à l'ennemi vaincu, le pillage, le parjure ; on regardait comme un devoir non seulement le respect des personnes inoffensives, mais encore la protection des faibles et des opprimés ; la guerre n'était pour les chevaliers qu'une lutte courtoise entre gens braves et honorables ; même on peut dire que les prescriptions du Code chevaleresque dépassaient les strictes obligations, qui doivent s'imposer aux belligérants ; elles contenaient des prohibitions parfois incompatibles avec les nécessités de la guerre (1). La chevalerie enseignait aussi la bonne foi et le respect inviolable de la parole donnée et des engagements pris envers l'ennemi ; c'était une leçon pour les princes, qu'un serment avait peine à retenir (2). La politesse des chevaliers dans leurs relations se répandit dans la vie des cours au moyen âge et, jointe aux façons cérémonieuses du clergé, même dans les affaires politiques, elle devint l'origine de l'étiquette diplomatique et des usages qui appartiennent à la courtoisie internationale.

133. — Si la guerre continentale s'humanise, au moyen âge, si l'on y rencontre déjà le germe de coutumes bienfaisantes, il faut au contraire signaler, au point de vue de la guerre maritime, l'origine, à la même époque, de règles dont l'abrogation a paru depuis désirable. Il est difficile, du

(1) On peut citer comme exemple la défense de surprendre l'ennemi. Cpr. Holtzendorff, *op. cit.*, § 71.

(2) Il y eut des princes, désireux d'acquérir une réputation « chevaleresque », qui se firent un devoir, même dans les affaires extérieures, d'obéir aux prescriptions du Code des chevaliers. V. Holtzendorff, *op. cit.*, p. 302.

XII⁰ au XV⁰ siècle, d'établir une distinction entre les flottes de guerre et de commerce ; les vaisseaux marchands sont armés et réunis en flottilles, dans le but de repousser plus facilement les agressions ; de là, sans doute, l'habitude prise dans la guerre maritime de ne pas distinguer entre la capture d'un bâtiment de guerre et celle d'un bâtiment de commerce et de ne respecter ni la propriété privée de l'ennemi, ni les équipages des navires de commerce. Cependant on trouve formulées des règles sur le droit des neutres et le *Consulat de la mer* contient des prescriptions intéressantes à cet égard (1).

Il n'y avait pas, au moyen âge, d'organisation féodale en vue de la guerre maritime ; les princes ne pouvaient utiliser les obligations de leurs vassaux, pour constituer une force navale ; trop faibles, au début, pour équiper à leurs frais des navires de guerre, il leur fallut recourir aux villes maritimes ou même aux associations ayant pour objet la

---

(1) Les deux règles principales, contenues dans le *Consulat de la mer*, sont les suivantes : 1⁰ on peut arrêter un navire ami, qui porte des marchandises ennemies et confisquer ces marchandises ; mais on ne peut confisquer le navire ; 2⁰ les marchandises appartenant à un ami, chargées sur un vaisseau ennemi, ne peuvent être confisquées. Les principes inscrits dans le *Consulat* furent expressément reconnus par divers traités. Malheureusement ils furent modifiés par des édits postérieurs de François Iᵉʳ et de Henri III, adoptant une maxime que l'on prétendait fondée sur le droit romain : « *La robe d'ennemi confisque celle d'ami* ». On admit donc, au XVIⁱ siècle, la confiscation des marchandises d'un allié, chargées sur un vaisseau ennemi. La Déclaration de Paris de 1856 revint à la règle préférable du *Consulat de la mer*. V. Wheaton, *op. cit.*, p. 86 et 153 ; Ortolan, *Diplomatie de la mer*, t. II, p. 96 et s. ; Pardessus, *Collection des lois maritimes*, t. II, p. 303 à 307. — Un autre recueil, le *Guidon de la mer*, contient des prescriptions relatives aux lettres de *marque* et de *représailles*. V. Wheaton, *op. cit.*, p. 83.

piraterie ; ces faits favorisèrent l'établissement de la
course (1), dont la pratique n'est pas encore repoussée par
tous les États, malgré le désir exprimé dans la Déclaration
de Paris de 1856.

c. — *Les théories et les ouvrages relatifs au droit des gens.*

134. — Le progrès, réalisé dans les idées et dans la
conscience juridique des peuples, apparaît dans les ouvrages qui, déjà au moyen âge, s'occupent du droit des gens.
On y voit, sans parler des principes juridiques propres au
régime féodal ou au droit canonique, la trace assez nette de
la notion d'un droit applicable aux rapports entre les peuples. Le « décret » de Gratien renferme des dispositions,
que les canonistes ont commentées aux XIII° et XIV° siècles ; diverses questions de droit international sont examinées dans ces commentaires (2) et spécialement celles qui
ont trait à la guerre ; c'est en effet la question la plus saisissante et la plus suggestive dans le droit des gens, celle
qui sollicite le plus vivement les esprits, celle que l'on voudrait résoudre la première, bien qu'elle soit la plus difficile.
On discutait donc sur la légitimité de la guerre, du butin,
des ruses de guerre ; on exposait les coutumes et les usages
reçus dans la pratique des hostilités. A côté de l'œuvre de
St. Thomas d'Aquin, on doit citer le *Livre des Batailles*

(1) V. Holtzendorff, *op. cit.*, p. 308. — Pour ce qui concerne l'origine particulière des *lettres de marque* et de *représailles*, V. Wheaton,
op. cit., p. 79 et s.
(2) V. au *Décret*, Dist. I, chap. VII. Parmi les commentateurs, on
trouve Thomas d'Aquin, Henri de Suze, etc. V. Holtzendorff-Rivier,
op. cit., p. 355.

d'Honoré Bonet et aussi le *Livre des faits d'armes et de Chevalerie* dû à Christine de Pisan (1). D'autre part l'école de Bologne et les glossateurs, à la suite de la rénovation du droit romain, commençaient à jeter les fondements du droit international privé ; ils furent amenés aussi à examiner des questions relatives au droit des gens; Bartole, de son côté, écrivit un traité des *Représailles* (2). Le XVᵉ et le XVIᵉ siècles virent se multiplier les ouvrages de cette nature ; mais leur étude appartient à la période de transition, qui sépare le moyen âge féodal des temps modernes.

C. — LA PÉRIODE DE TRANSITION DES XVᵉ ET XVIᵉ SIÈCLES
(LA RENAISSANCE ET LA RÉFORME).

a. — *La tendance particulariste des races et la tendance cosmopolite.*

135. — Le régime des fiefs était bien éloigné du type actuel des États. Comment est-on passé des souverainetés morcelées et de la chaîne féodale, qui les rendait dépendantes les unes des autres, à l'unité de l'État, obéissant à un seul souverain, indépendant de tout lien vis-à-vis d'une souveraineté étrangère. L'État moderne s'est dégagé du système féodal de façons diverses suivant les pays et l'unité nationale s'est formée sous l'influence de causes multiples. D'une manière générale, cette évolution s'est faite principalement avec le progrès et le développement des dynasties princières et des institutions monarchiques. L'exemple est venu de l'Espagne et surtout de la France, où la poli-

(1) V. Holtzendorff-Rivier, *op. cit.*, p. 352 et p. 356, note 3. — Nys, *Honoré Bonet et Christine de Pisan*, R. D. I., t. XIV, p. 451.
(2) V. Holtzendorff-Rivier, *op. cit.*, p. 352.

tique habile des rois sut profiter, soit des franchises communales, soit des rivalités entre vassaux, pour supprimer les intermédiaires entre la royauté et les classes inférieures et fixer la suprématie du pouvoir royal. Cet exemple ne fut pas sans influence sur l'essor des dynasties voisines ; mais, tandis que le mouvement aboutissait en France à la centralisation, par suite de l'effacement des grands vassaux et de la suppression de leurs privilèges et immunités, en Allemagne, au contraire, on assistait à la formation d'un plus grand nombre d'États, à raison des empiétements des grands vassaux sur le pouvoir de l'empereur suzerain (1).

136. — La notion de la souveraineté monarchique, liée à l'unité de l'État, désormais indépendante de l'autorité pontificale, est acquise au XVI° siècle ; les publicistes commencent à la définir et cherchent à la légitimer (2). Elle est l'expression de l'unité nationale, du sentiment d'indépendance des peuples et de la tendance particulariste des races ; elle se traduisit d'une manière sensible par l'institution d'armées permanentes et se manifesta encore dans le droit de légiférer, dans la promulgation d'ordonnances royales, applicables sur toute l'étendue du territoire de l'État.

137. — Pendant que la tendance particulariste et individuelle des races s'affirmait ainsi, la tendance universelle et cosmopolite n'était pas non plus sans faire de sensibles progrès. La Renaissance des lettres, des sciences et des arts allait fournir à l'humanité un fonds précieux de notions générales, puisées aux meilleures sources de l'antiquité. Les hautes pensées, les idées larges, nécessaires pour la

(1) V. Holtzendorff, *op. cit.*, § 82.
(2) V. entre autres, *Les six livres de la République* de Jean Bodin (1577).

conception des principes essentiels du droit des gens, furent semées dans les esprits, grâce à l'enseignement des Universités (1) et répandues plus facilement à travers la masse du public, à la suite de l'invention de l'imprimerie. La renaissance du droit romain, qui précéda celle des lettres et des arts, eut une influence particulièrement appréciable ; cette législation se recommandait par la rigueur de ses principes ; l'exactitude de ses notions juridiques se répandit dans l'Europe qui, presque tout entière, accepta le droit romain comme base de la jurisprudence. L'uniformité de la loi romaine vint remédier à la diversité des coutumes locales, issues du régime des fiefs. Le droit romain, à côté du droit canonique, à côté des usages commerciaux, et dans une plus large mesure, fut, en matière juridique, un fonds commun pour tous les peuples. C'est donc un élément important de la tendance vers la communauté de droit. Le droit romain, enfin, fut utilisé d'une façon directe pour la construction des théories émises sur le droit international ; les jurisconsultes ont cru découvrir dans le Digeste les matériaux nécessaires à la solution des questions posées à cette époque (2).

138. — Dans un autre ordre d'idées, les grandes découvertes géographiques, dues aux Portugais et aux Espagnols, en offrant à l'Europe un nouveau champ d'activité, devaient favoriser singulièrement les relations commerciales, l'extension de la navigation maritime, c'est-à-dire, en défi-

----

(1) V. Holtzendorff, *op. cit.*, § 80.

(2) Les jurisconsultes de Bologne ont été parfois choisis comme diplomates ou comme arbitres dans les différends entre les États de l'Italie. V. Wheaton. *Histoire des progrès du droit des gens*, 4e édition, p. 29.

nitive, le rapprochement des peuples. Ces découvertes donnèrent un nouvel intérêt à la question de la liberté des mers et firent naître celle du droit d'occupation des terres nouvellement explorées. En même temps la rivalité des États, jaloux des conquêtes lointaines, conduisit à la création des marines de guerre et multiplia les causes de luttes maritimes. Il fallut se préoccuper, par suite, avec plus de soin, des difficultés relatives aux hostilités sur mer (1).

139. — Enfin un autre événement capital, la *Réforme*, exerça une influence considérable sur les relations internationales. La Réforme, en effet, enleva tout un groupe d'États à l'autorité spirituelle du pape ; on se demanda s'il fallait tenir compte des confessions religieuses, dans les rapports entre les peuples ; après une lutte prolongée, le problème reçut une solution conforme à la vérité ; on admit que les relations internationales resteraient indépendantes de la volonté du chef de l'Église catholique et de la religion des peuples, et qu'elles seraient régies par des principes étrangers au domaine religieux. Cette conquête préparait l'avènement du droit des gens moderne (2).

b. — Les usages internationaux.

140. — Pendant la période de transition qui suit le moyen âge féodal, les usages internationaux se complètent ou se consolident. Nous savons qu'à la suite des découvertes géographiques on agita la question de la liberté des mers et celle de l'occupation. Malgré les prétentions excessives des Portugais et des Espagnols, revendiquant l'usage

(1) Cpr. Holtzendorff, *op. cit.*, § 79.
(2) Cpr. Holtzendorff. *op. cit.*, § 81.

exclusif des nouvelles voies maritimes, ou la propriété des territoires, par le seul fait de la découverte (1), malgré l'intervention du pape en faveur de ces prétentions, les véritables principes l'emportèrent ; on réussit, au nom des intérêts généraux de l'humanité, à repousser de semblables doctrines.

141. — Un fait important, qui coïncide avec la concentration du pouvoir monarchique, c'est la permanence des ambassades, à peu près contemporaine de celle des armées ; l'une et l'autre institution représentent l'unité de l'État et celle de la souveraineté du prince. Les légations permanentes en étaient la manifestation, au point de vue des relations extérieures ; originaires d'Italie (2), elles ont pénétré dans l'Europe occidentale et, vers la fin du XVI⁰ siècle, dans les pays du Nord ; la forme actuelle des missions diplomatiques s'est généralisée au cours du XVII⁰ siècle. Bien qu'elles aient été créées beaucoup moins dans le but de favoriser la pratique régulière des relations internationales que comme un moyen de contrôle et de surveillance, propre à fournir aux princes des renseignements sur les projets de leurs voisins, elles ont eu néanmoins un résultat heureux. On s'habitua dès lors à considérer l'agent diplomatique

(1) Trois bulles d'Alexandre VI, en 1493, consacrèrent les prétentions de l'Espagne ; le traité de Tordesillas (7 juin 1494) entre l'Espagne et le Portugal contient un arrangement amiable et une transaction entre les prétentions des deux pays. V. Calvo, *Le Droit international*, 4e éd., t. I, p. 24.

(2) A Venise, notamment, une série d'ordonnances a été promulguée depuis le commencement du XIII⁰ siècle pour réglementer le service diplomatique. V. Wheaton, *Histoire des progrès du droit des gens*, 4⁰ éd., p. 62 et s. ; Nys, *Les commencements de la diplomatie et le droit d'ambassade jusqu'à Grotius*, R. D. I., t. XV, p. 577 et t. XVI, p. 55 et 167.

comme représentant la personne même du souverain, ce qui permit de fortifier le principe de l'inviolabilité et de le compléter par les immunités accordées aux ambassadeurs ; la moindre atteinte commise contre eux était considérée comme une insulte personnelle au souverain qui les envoyait. Cette idée fut même exagérée : le développement excessif du cérémonial et de l'étiquette diplomatiques entraîna de nombreux conflits de préséance (1). Malgré tout, c'était là un rouage essentiel de la vie internationale, une institution qui devait rendre, pour ainsi dire, vivante l'existence d'une communauté entre les États : cette communauté avait en effet auprès de chaque cour sa figuration dans le corps diplomatique.

c. — Les théories et les ouvrages relatifs au droit des gens.

142. — L'un des produits les plus précieux des siècles de la renaissance et de la réforme réside dans les théories et dans les ouvrages parus à cette époque. La plupart des questions importantes du droit des gens sont examinées et traitées, soit en des monographies, soit dans les ouvrages d'ensemble. Les traités et les alliances, les légations, le principe de la liberté des mers, diverses autres questions de droit maritime fournissent les sujets de nombreuses études. Le droit de la guerre tient naturellement une place prépondérante dans les ouvrages publiés. Parmi les auteurs, qui ont écrit aux XV° et XVI° siècles, avant la venue de Grotius, on doit distinguer surtout un Italien,

(1) Cpr. Holtzendorff, *op. cit.*, § 83.

Albéric Gentil et un Espagnol, François Suarez (1). Albéric Gentil a publié des *Commentationes de jure belli* ; l'œuvre remaniée a pris le titre de *Libri tres de jure belli* ; il a écrit en outre un traité *De legationibus*. Cet auteur n'a pas eu seulement le mérite d'étudier d'une façon remarquable le droit de la guerre et celui des ambassades ; il a su comprendre et exposer la notion même du droit des gens ; il a soutenu que les États devaient régler leurs rapports selon des principes juridiques. François Suarez, dans son traité *De legibus ac Deo legislatore*, a mis aussi en lumière l'idée d'un droit, nécessaire dans les relations internationales ; il a signalé l'existence d'une société entre les États, comme base du droit des gens (2), et montré qu'il y avait pour régir cette société quelques usages, constituant « les lois coutumières de l'Europe chrétienne » (3).

143. — Il convient aussi de mentionner, en dehors des ouvrages juridiques, l'apparition, à la même époque, d'œu-

(1) Il convient de nommer, à côté de François Suarez, un autre Espagnol, François de Victoria, dont les *Relectiones theologicæ* renferment deux dissertations intéressantes, l'une sur l'occupation de l'Amérique (*de Indis*) et l'autre sur les droits de la guerre (*de jure belli*) V. dans Wheaton, *op. cit.*, p. 33 et s.

(2) Voici, pour le prouver, un passage intéressant du *De legibus* : « *Nunquam enim illæ communitates (c. à d. civitates aut regna) adeo sunt sibi sufficientes sigillatim, quin indigeant aliquo mutuo juvamine et societate ac communicatione, interdum ad melius esse majoremque utilitatem, interdum vero et ob moralem necessitatem. Hac ergo ratione indigent aliquo jure, quo dirigantur ac recte ordinentur in hoc genere communicationis et societatis.* » — V. la citation dans Holtzendorff-Rivier, *op. cit.*, p. 353.

(3) La liste des auteurs, qui ont écrit aux XVe et XVIe siècles, est assez longue ; on trouvera toutes les indications nécessaires dans les articles de Nys, publiés dans la *Revue de droit international*, t. XIV, XV, XVI et XVII, et dans Rivier, *Note sur la littérature du droit des gens avant la publication du jus belli ac pacis de Grotius*. — V. aussi Holtzendorff-Rivier, *op. cit.*, § 85.

vres qui, sans se préoccuper du droit ni même de la morale, se proposaient seulement d'indiquer aux souverains la conduite la plus propre à sauvegarder leurs intérêts. L'art de la politique prenait ainsi naissance avec les traités de Machiavel (1), dont l'influence a été sensible dans les rapports internationaux. Cette influence n'a d'ailleurs pas eu le résultat néfaste qu'on lui prête d'ordinaire, et l'ensemble de l'œuvre de Machiavel vaut mieux que sa réputation. En défendant « la politique de l'intérêt », Machiavel au fond avait raison, puisque la politique ne se propose pas d'autre but que l'intérêt ; il suffit seulement, pour se mettre à l'abri de toute critique, de montrer que la politique marche d'accord avec le droit, parce qu'en définitive l'injustice est contraire à un intérêt bien entendu. Les principes exposés par Machiavel eurent ce résultat d'habituer les souverains à s'affranchir, dans leurs rapports extérieurs, de certaines considérations, qui étaient en réalité opposées à la notion exacte du droit des gens, en particulier des considérations religieuses. On vit des princes catholiques, préoccupés de leurs intérêts, inquiets d'une bonne politique, ne pas craindre de s'allier avec les protestants ou même avec les Turcs. Enfin cette politique de l'intérêt n'a pas été sans influence sur la conception d'une théorie, qui était appelée à jouer un rôle marqué dans les affaires de l'Europe : en effet le souci de « l'équilibre Européen » qui, dès François 1er, commence à dicter la conduite des rois de France, suit de près l'apparition des ouvrages de Machiavel. Cette idée a pour base l'inté-

(1) Les principaux traités de Machiavel sont *le Prince, Les Discours sur Tite-Live* et *l'Art de la guerre.* V. Victor Waille, *Machiavel en France.*

rêt ; on veut empêcher la formation d'empires trop puissants, pour mieux assurer la conservation de l'État. Plus tard on devait présenter la théorie de l'équilibre européen, comme le principe supérieur des démêlés politiques, comme la solution préférable du problème international (1).

144. — A la fin du XVIᵉ siècle, les éléments nécessaires à la formation du droit des gens sont donc réunis. Tout ce qui est essentiel est en germe dans les faits et dans les idées. Les deux tendances, caractérisées par la notion de l'État unitaire et la conception d'une communauté entre les États, apparaissent avec netteté. Les relations internationales sont assez développées, pour qu'il existe déjà des coutumes et des usages prêts à devenir des règles positives. Les esprits sont préparés, par la publication de nombreux ouvrages, à la notion d'un droit applicable aux rapports entre Étaᵗ ; la conscience juridique des souverains et des peuples s'éveille. Il ne restait plus qu'à réunir tous ces éléments un peu dispersés, qu'à relier tous ces traits désunis, pour fonder la science du droit des gens, comme un corps de doctrine complet et homogène, pour illuminer et fortifier la conscience un peu obscure et hésitante des peuples, pour ouvrir, en un mot, l'ère moderne du droit international public. Ce fut, dans le domaine spéculatif et théorique, l'œuvre de Grotius et, dans le domaine de la pratique et des faits, le résultat obtenu par la paix de Westphalie, qui mit fin à la guerre de Trente ans.

(1) On peut rattacher à la théorie de l'équilibre européen, le grand projet d'Henri IV et plusieurs autres propositions ayant pour idéal la paix universelle. V. *suprà*, n° 22.

§ 14. — L'époque moderne.

a. — *L'œuvre de Grotius.*

145. — La science théorique a tracé la voie et préparé l'avènement du droit des gens moderne. Le traité de Grotius (1), *De jure belli ac pacis,* a fondé la science du droit des gens. L'auteur, dont l'intention primitive était d'exposer le droit de la guerre, a élargi son sujet ; il a écrit, en réalité, un ouvrage d'ensemble sur le droit naturel et le droit des gens (2). Il affirme tout d'abord l'existence du droit des gens ; il lui donne pour base le droit naturel, qui, pour lui, est la base commune du droit civil et du droit existant entre les peuples (*jus, quod inter populos versatur*). Le droit naturel, dont Grotius est aussi le véritable

(1) Hugues Cornets de Groot, plus connu sous le nom de Grotius, naquit en 1583. C'est à Paris, où il s'était réfugié, après avoir été condamné en Hollande, dans sa patrie, à la réclusion perpétuelle, qu'il publia le traité *De jure belli ac pacis,* qui porte la date de 1625. Il s'était fait connaître auparavant par sa controverse avec John Selden sur le principe de la liberté des mers. Selden écrivit un ouvrage ayant pour titre *Mare clausum,* Grotius publia le *Mare liberum* (1609). Ce n'était du reste qu'un chapitre d'un ouvrage plus important *De jure prædæ,* dont le manuscrit, daté de 1604 et 1605, a été publié seulement en 1868. V. Holtzendorff-Rivier, *op. cit.,* p. 360.

(2) Le titre complet de l'ouvrage est assez explicite : *De jure belli ac pacis, libri tres, in quibus jus naturæ et gentium, item juris publici præcipua explicantur.* Dans la première partie, Grotius examine ce qu'est la guerre en général, et le droit ; il s'explique sur la légitimité de la guerre et examine qui peut légitimement entreprendre la guerre. La seconde partie est consacrée aux motifs ou causes de guerre ; on y trouve aussi des développements sur la propriété, les contrats, les traités et les agents diplomatiques. Enfin la troisième partie contient les règles proprement dites de la guerre.

fondateur, domine tout le traité *de jure belli ac pacis*. C'est au point de vue du droit naturel ou philosophique que Grotius se place pour construire l'édifice scientifique du droit des gens ; toutefois, à côté du droit naturel, l'auteur distingue le droit des gens positif ou volontaire, suivi dans la pratique, et reposant sur le consentement des nations, spécialement sur la coutume. La place secondaire assignée au droit positif, dans l'ouvrage de Grotius, s'explique si l'on remarque qu'à cette époque, les règles admises dans la pratique internationale, encore peu nombreuses, n'avaient pas revêtu un caractère juridique incontestable ; le droit des gens positif ne faisait que naître ; il devait s'effacer devant les spéculations théoriques, devant les conceptions du droit naturel. Le reproche le plus sérieux que l'on puisse adresser à Grotius, c'est d'avoir puisé exclusivement dans l'antiquité les exemples fournis à l'appui des principes formulés, et d'avoir négligé les événements de son époque.

146. — Le traité *De jure belli ac pacis* eut un succès énorme et un retentissement considérable ; on a dit qu'il était le Code du droit des gens ; l'expression est sans doute exagérée, mais il est certain que cet ouvrage a contribué puissamment au progrès du droit international. Lu, annoté et commenté dans tous les pays (1), il a marqué de son empreinte un grand nombre d'esprits ; il était connu de tous ceux qui dirigeaient en Europe les affaires politiques, et, s'il ne fut pas consulté comme un texte de loi par les diplomates réunis au congrès de Westphalie, il était

(1) L'ouvrage a eu au moins 45 éditions jusqu'en 1758. Les meilleures traductions sont celle de Barbeyrac et plus récemment celle de M. Pradier-Fodéré.

au moins présent à leur pensée et il a pu ne pas rester
étranger au résultat final des négociations (1).

b. — Le traité de Westphalie; la tendance particulariste des races et la tendance cosmopolite.

147. — Le traité de Westphalie, qui mit fin à la guerre
de Trente ans et à l'antagonisme des États protestants et
catholiques, est en général considéré comme le point de
départ de l'ère moderne du droit des gens. L'exactitude
de cette considération repose sur deux motifs principaux.
Tout d'abord la paix de Westphalie révélait l'existence positive de la communauté des États, que certains auteurs
avaient déjà proclamée en théorie. Les représentants des
puissances, réunis en congrès, ont pris des dispositions reconnues obligatoires pour tous les contractants (2). Pour
la première fois on s'est préoccupé d'asseoir, sur des bases
déterminées, la communauté des États ; on n'a pas seulement poursuivi l'organisation territoriale de l'Europe, on
a de plus posé le principe, la règle fondamentale de la société juridique, dont l'existence venait d'être consacrée. Le
principe supérieur, qui devait présider désormais aux rapports internationaux, c'est la reconnaissance de l'égalité

(1) La cour de Rome, dont les prétentions furent écartées au congrès de Westphalie, semble avoir prévu l'influence, dangereuse pour
elle, des livres de Grotius ; elle mit successivement à l'index les deux
traités de cet auteur. V. Holtzendorff, *op. cit.*, p. 247.

(2) Dans les négociations poursuivies à Munster et à Osnabrück
pour aboutir au traité de Westphalie, les puissances suivantes
étaient représentées : le pape, l'empire d'Allemagne, les rois de
France, de Suède et d'Espagne, Venise, la Confédération suisse, les
États-Généraux de Hollande et plusieurs princes allemands.

juridique des États. Ce progrès considérable fournit le second motif de la place prépondérante assignée au traité de Westphalie dans l'histoire du droit des gens.

148. — L'égalité des États était admise, en premier lieu, au point de vue des confessions religieuses, émanées du christianisme. Tous les États souverains sont reconnus membres de la communauté juridique, quelle que soit la religion, protestante ou catholique, de leurs sujets. Les États peuvent prétendre à une situation égale dans les rapports internationaux, malgré les divergences de leurs opinions religieuses. La paix de Westphalie inaugure la sécularisation du droit international public ; ce résultat fut acquis malgré les protestations du St-Siège, intéressé à maintenir la suprématie de l'Église catholique et à empêcher les États protestants de participer, sur le pied de l'égalité, au règlement des affaires internationales. Le droit des gens devançait, à cet égard, la législation propre à chaque État ; la liberté de conscience ne fut assurée que plus tard dans le domaine du droit interne. On put voir des princes catholiques laisser à leurs sujets hétérodoxes une situation inférieure, tandis qu'ils admettaient la souveraineté d'États protestants et les traitaient en égaux dans les relations extérieures. L'œuvre du congrès de Westphalie n'était pas complète encore ; le principe de l'égalité ne s'étendait pas au delà des peuples chrétiens ; malgré l'existence effective de rapports avec la Turquie, les Mahométans n'étaient pas admis dans la communauté des autres États. L'évolution, qui devait rendre le droit international tout à fait indépendant de la religion, ne s'acheva qu'en 1856 ; à cette date, en effet, le congrès de Paris fit entrer la Turquie dans le concert des puissances européennes.

149. — Le traité de Westphalie consacrait encore l'égalité des États au point de vue de leurs constitutions intérieures. On y reconnut l'indépendance de la Suisse et des Pays-Bas : on vit, dès lors, placés sur un pied d'égalité, des États à forme de monarchie absolue, des républiques unitaires (Venise) ou fédératives (Suisse, Pays-Bas) et des États où le pouvoir royal était tempéré par l'action d'un parlement (Suède, Angleterre).

150. — Il est donc exact d'affirmer que la paix de Westphalie « inaugure un régime, en vertu duquel ni la religion, ni les lois organiques, ne constituent de différence au point de vue international (1). » Malgré la restriction relative à la religion de Mahomet, malgré les interventions assez fréquentes, qui devaient se produire dans l'avenir, afin d'imposer à certains États des réformes constitutionnelles, les conditions essentielles du droit international public n'en sont pas moins réalisées à la suite du traité de Westphalie. Le principe de l'égalité comporte la reconnaissance de la souveraineté des États, celle de leur indépendance et de leur autonomie ; à ce principe vient se joindre la notion d'une communauté juridique existant entre les États. N'est-ce pas là l'essence même du droit des gens ? N'est-ce pas la satisfaction nécessaire, donnée d'une part à la tendance individuelle et séparatiste des races, grâce à l'autonomie des États, et d'autre part à la tendance cosmopolite et universelle, par suite de l'organisation d'une communauté juridique, propre à favoriser les rapports internationaux et le commerce mutuel des peuples.

151. — Depuis le traité de Westphalie il n'y eut plus

(1) Holtzendorff, *op. cit.*, p. 347.

besoin d'introduire des principes nouveaux pour le fondement du droit des gens. On a bien cherché à présenter l'idée de l'équilibre Européen comme une théorie propre à dominer l'ensemble des rapports internationaux. La théorie a reçu une confirmation publique, lors de la paix d'Utrecht (1) ; elle a servi d'argument pour justifier des entreprises dictées par le seul intérêt politique ; elle a suscité des conflits et des guerres regrettables ; finalement on a compris la véritable portée du système et, si l'on a pu lui accorder une place importante dans les préoccupations de la politique, on a été forcé de reconnaître qu'il n'avait pas la valeur d'un principe supérieur pour la réglementation juridique des rapports entre États. Il en est de même de la théorie des *Nationalités*, apparue plus récemment et destinée encore, dans l'esprit de ses promoteurs, à jouer un rôle capital dans le droit des gens. Elle aussi a couvert d'une apparence de justice des conflits et des guerres ; mais elle a dû s'effacer devant une critique impartiale et ne conserver qu'une place modeste, sans prétendre à la qualité d'un principe supérieur dans le domaine du droit international public.

152. — En réalité, le développement du droit des gens s'est fait autour des deux idées fondamentales consacrées par le traité de Westphalie. Sans doute, le principe de l'égalité, de l'indépendance et de l'autonomie des États a reçu plus d'une atteinte ; il n'a pas toujours trouvé grâce devant les préoccupations d'une politique mal entendue ; en opposition directe avec les intérêts immédiats d'un peuple, avec les ambitions et les convoitises d'un souverain, avec les

(1) Il est expressément dit dans ce traité que certaines dispositions ont été prises pour la conservation de l'équilibre de l'Europe.

appétits de conquête et d'expansion illégitime, il a été sacrifié plusieurs fois au désir d'imposer la suprématie morale ou matérielle d'un État aux autres membres de la communauté. Le partage de la Pologne fut une violation manifeste de l'indépendance des États ; la politique de conquêtes, inaugurée au siècle de Louis XIV, accentuée et portée à son maximum d'intensité sous Napoléon Ier, contenait la négation des droits inhérents à la notion de l'État moderne. La pratique des interventions, si fréquentes depuis la révolution, était contraire à l'autonomie indispensable aux États ; le régime de la Pentarchie, né des traités de 1815, érigeant l'intervention en principe d'action internationale et voulant soumettre l'Europe à l'autorité de cinq grandes puissances, battait en brèche l'idée fondamentale de l'égalité. Plus récemment encore on a consacré des démembrements de territoire et l'on a inscrit, dans le traité de Berlin, des clauses incompatibles avec les principes du droit des gens reconnus lors de la paix de Westphalie.

153. — Cependant la notion de l'État autonome et le principe d'égalité n'ont pu être étouffés par l'égoïsme des ambitions et le réalisme des intérêts. Au milieu de tempêtes violentes, malgré des secousses inquiétantes, le principe est resté debout. Il a toujours reparu, après des éclipses momentanées et il est sorti de ces épreuves plus ferme et plus solide. L'admission de la Turquie dans le concert européen a parachevé l'évolution relative au principe de l'égalité des États, en dehors de toute préoccupation religieuse. La révolution de 1789 avait proclamé l'autonomie de l'État et son indépendance constitutionnelle. Les événements de 1830 et de 1848 ont confirmé cette idée et

brisé le régime de la Pentarchie. La pratique de l'intervention est aujourd'hui universellement condamnée. Malgré le spectacle fâcheux résultant des démembrements de
territoire, le progrès n'est pas douteux. Les droits primitifs et absolus des États, dans la communauté internationale, sont mieux définis et moins contestés. Non seulement
les souverains et ceux qui dirigent la politique extérieure,
mais encore les peuples eux-mêmes ont une conscience
plus nette des droits, qu'ils peuvent prétendre, et des devoirs, qui leur incombent ; devant l'opinion publique
mieux éclairée, les entreprises sont plus difficiles contre le
principe de l'autonomie et de l'indépendance des États.
Pour en assurer le respect, les nations n'hésitent pas à
s'imposer des sacrifices et à supporter l'énorme fardeau des
armements modernes ; les ambitions s'arrêtent, inquiètes
de froisser le sentiment plus réfléchi de la justice internationale, redoutant à la fois, chez l'adversaire, l'élan d'un
patriotisme conscient de ses droits, et, dans l'intérieur de
l'État, l'indifférence, sinon l'opposition, pour des projets
illégitimes.

151. — Si, maintenant, nous passons à l'autre idée
fondamentale du traité de Westphalie, à la notion d'une
communauté juridique entre les États, il nous faut reconnaître encore son évolution progressive. De nouveaux États
sont entrés dans cette société régulièrement organisée :
sans rappeler l'admission de la Turquie dans le concert
des puissances européennes, la proclamation de l'indépendance des États-Unis de l'Amérique du Nord a reculé
les limites du droit international public, dont le domaine
s'étend aujourd'hui sur l'Amérique entière. Le système
des légations permanentes s'est perfectionné ; les agents

diplomatiques, représentants de la souveraineté de l'État à l'étranger, ont surtout pour mission de favoriser la régularité des rapports internationaux. Au régime anti-égalitaire de la pentarchie a succédé l'ère des grands congrès européens, dans lesquels on a poursuivi une meilleure réglementation de la communauté des États. A la suite des grandes inventions, qui se sont produites au cours du XIX⁰ siècle, et grâce au développement considérable du commerce, les frontières des États se sont, pour ainsi dire, abaissées ; la facilité des communications a multiplié les rapprochements et les contacts entre les hommes. On a senti de plus en plus la nécessité d'une assistance mutuelle entre les États, pour la poursuite des intérêts et des besoins généraux de l'humanité ; on a compris que chaque État devait consentir, dans une certaine mesure, à une restriction de sa souveraineté, à l'égard des étrangers établis sur son territoire ; on a été convaincu qu'il fallait uniformiser sur beaucoup de points la législation destinée à garantir les intérêts communs des peuples ou à faciliter leurs relations. De là des traités, pour assurer une meilleure administration internationale de la justice civile ou répressive, pour améliorer le droit international privé ; de là ces *unions*, de plus en plus fréquentes et de plus en plus larges, dans le but de constituer une sorte de *territoire* unique, dans l'étendue duquel s'applique indistinctement pour tous les hommes une législation identique : les unions monétaire, postale, télégraphique, l'union pour la protection de la « propriété » littéraire et artistique, répondent aux aspirations des peuples vers la communauté de droit ; c'est la manifestation la plus nette et la plus utile de la société juridique des États.

155. — En présence d'un progrès aussi incontestable, on ne saurait s'inquiéter des ombres légères, que présente encore le tableau de la société internationale. On peut regretter les mesures récentes de l'Allemagne sur l'obligation des passeports, et signaler l'obstacle mis par elle aux relations des peuples ; mais ce n'est là qu'un détail appelé forcément à disparaître (1). Ces innovations, que l'Allemagne a crues nécessaires pour sa sécurité, démontrent l'inquiétude où l'a placée sa politique de conquêtes ; plus nuisibles à elle-même que gênantes pour ses voisins, elles prouvent qu'à côté de l'intérêt immédiat d'un accroissement de territoire, il y a un intérêt supérieur que doit viser une politique digne et prudente et qui consiste à assurer le maintien des relations pacifiques, à écarter toute cause de ressentiment chez un peuple lésé, et à favoriser l'expansion légitime de l'État dans le commerce, le travail et la paix.

c. — *Progrès des règles internationales.*

156. — Quant aux règles positives, aujourd'hui reconnues et pratiquées dans les rapports internationaux, elles ont aussi progressé et, parfois même, au milieu des guerres et des crises les plus aiguës. La preuve en est fournie par l'étude complète et détaillée du droit international public. Afin de ne pas sortir des limites d'une esquisse historique il suffira d'énumérer ici les principales conquêtes réalisées dans le droit des gens depuis le XVIIe siècle. Le principe de la liberté des mers, remis en discussion à l'é-

(1) L'Allemagne a déjà décidé d'atténuer, pour la date du 1er octobre 1891, ces mesures restrictives.

poque de Grotius, n'est plus l'objet de contestations sérieuses. La cause de la liberté des communications a remporté une nouvelle victoire dans la réglementation des « fleuves internationaux ». Malgré les prétentions de l'Angleterre, malgré les excès, qui ont marqué la lutte entre cette puissance et Napoléon 1er, lors du Blocus continental, la théorie de la neutralité, esquissée déjà en 1780 dans « la déclaration de la neutralité armée », a pu se développer ; elle repose, depuis la déclaration de Paris, sur des bases plus fermes. La pratique plus fréquente de l'arbitrage permet de donner aux conflits internationaux une solution plus conforme au droit. L'abolition presque générale de la course a modifié dans un sens heureux les conditions de la guerre maritime. Enfin, d'une manière plus générale, la guerre s'est humanisée. Il suffit, pour s'en convaincre, de rappeler la déclaration de St-Pétersbourg et la convention de Genève ; on a mieux compris le but véritable de la guerre et on a renfermé son action en des limites plus exactes : le respect des personnes inoffensives et des propriétés privées de l'ennemi est devenu une règle observée dans la guerre continentale, en attendant son application probable dans la guerre maritime (1).

On ne saurait donc nier les progrès considérables, acquis dans le droit des gens, non seulement depuis l'antiquité, mais encore depuis que le traité de Westphalie a posé les bases du droit international public moderne.

d. — Les théories et les ouvrages relatifs au droit des gens.

157. — La marche en avant n'est pas moins accentuée

(1) V. Wheaton, *Histoire des progrès du droit des gens, depuis la paix de Westphalie jusqu'à nos jours.*

dans le domaine scientifique. Après la publication du *jus belli ac pacis*, des auteurs remarquables, tout en s'inspirant de la méthode et des idées de Grotius, ont su faire œuvre personnelle et contribuer au mouvement progressif du droit des gens. Il convient de citer d'abord un anglais, Richard Zouch, le plus original peut-être parmi les publicistes, qui procèdent de Grotius, bien que le plus rapproché de lui (1). Il a trouvé la dénomination nette et saisissante de *jus inter gentes*, pour désigner le droit des gens. Dans son livre, qui fait partie d'une série de petits traités juridiques, tous conçus sur un plan uniforme (2), il étudie d'abord les propositions, qui lui semblent reçues d'une manière incontestable (le *jus*), puis, sous forme de questions, celles qui sont susceptibles de controverses (le *judicium*). Chose remarquable, Zouch s'occupe de la paix, avant de parler de la guerre et il introduit, dans la seconde partie de son ouvrage, une division empruntée au droit privé : *status* (droit des personnes) ; *dominium* (droit des choses) ; *debitum et delictum* (droit des obligations). Il inaugure ainsi une méthode plus scientifique, qui devait s'affirmer au XIX⁰ siècle (3).

158. — La doctrine de Grotius, combattue par les par-

(1) Son ouvrage a paru en 1650, vingt-cinq ans seulement après celui de Grotius ; le titre complet mérite d'être signalé : *Juris et judicii fecialis, sive juris inter gentes, et quæstionum de eodem, explicatio, qua, quæ ad pacem et bellum inter diversos principes aut populos spectant, ex præcipuis historico jure peritis exhibentur.*

(2) L'ensemble de l'œuvre de Zouch s'appelle : *Elementa jurisprudentiæ.*

(3) Zouch, comme un autre auteur déjà cité, Albéric Gentil, a sur Grotius l'avantage de tenir compte des événements de son temps. Cfr. Holtzendorff-Rivier, *op. cit.,* § 90.

tisans du droit naturel, fut suivie par Wolff, l'un des disciples de Leibnitz, dont le système philosophique s'accordait mal avec les opinions de Hobbes et de Pufendorf. Wolff (1) distingue le droit des gens du droit naturel ; pour lui, le droit des gens se compose de quatre éléments : le droit naturel et le *jus voluntarium* d'une part, avec une portée générale et une force obligatoire pour toutes les nations ; le droit conventionnel et le droit coutumier, d'autre part, susceptibles de présenter des divergences et pouvant n'être obligatoires que pour certains peuples. Dans son système, l'ensemble des nations constitue comme un État universel, une *civitas gentium maxima*, une république fondée sur le consentement de la majorité, dictant des lois aux nations qui la composent (2).

159. — Les idées de Wolff furent présentées d'une façon plus élégante et plus lucide par Vattel, un publiciste d'origine suisse, dont le livre obtint un grand succès auprès des hommes d'État, dans les cours et dans les ambassades (3). Bien qu'il rejette la notion de la *civitas gentium maxima*, pour admettre seulement l'existence d'une société entre les nations, Vattel doit être considéré comme le vulgarisateur du système de Wolff ; il a voulu le rendre

(1) Chrétien Wolff fit d'abord paraître de 1740 à 1748 un grand traité en huit volumes, le *Jus naturæ*, puis en 1749 un nouvel ouvrage *Jus gentium methodo scientifica pertractatum, in quo jus gentium naturale ab eo quod voluntarii, pacticii et consuetudinarii est, accurate distinguitur,* de sorte que les deux ouvrages peuvent être considérés comme un traité complet *de jure naturæ et gentium.*

(2) Cpr. Holtzendorff-Rivier, *op. cit.*, § 98.

(3) Emer de Vattel a écrit un ouvrage ayant pour titre : *Le droit des gens ou principes de la loi naturelle appliqués à la conduite et aux affaires des nations et des souverains* (1758).

accessible aux personnes placées à la tête des affaires politiques (1).

160. — Grotius n'eut pas seulement des imitateurs et
des disciples. La double notion du droit naturel et du droit
positif, réunie par lui dans une alliance intime, allait
être séparée ; chacune des deux idées, prise à part, devait
produire deux tendances opposées et donner naissance à
deux écoles rivales. Une première école s'empara exclusivement de la notion du droit naturel. Déjà un philosophe
anglais, Hobbes, n'avait voulu voir dans le droit des gens
qu'un droit naturel. Cette idée fondamentale fut reprise
et développée par Pufendorf, écrivain d'une valeur incontestable, aux idées larges et fécondes, un maître dans
l'étude du droit naturel (2) ; malheureusement il en exa-
gère la portée dans le domaine des relations internationales ; pour lui il n'y a pas de droit positif : « le droit des
gens n'est qu'un fragment du droit naturel, que l'on ne
doit pas traiter à part ; les États ou nations sont des personnes morales et il faut appliquer à leurs rapports mutuels les principes du droit naturel sur les rapports des
hommes entre eux (3) ». Cette théorie eut une fortune
presque égale à celle de Grotius ; beaucoup d'auteurs s'en
inspirèrent, surtout en Allemagne. Le plus éminent des
disciples de Pufendorf a été Chrétien Thomasius (4). On

(1) V. le passage de Vattel cité dans Holtzendorff-Rivier, *op. cit.*,
p. 407.

(2) Samuel Pufendorf publia divers ouvrages ; le principal, *Juris
naturæ et gentium, libri VIII*, parut en 1672 ; un abrégé ayant pour
titre *De officiis hominis et civis, prout ipsi præscribentur lege naturali*
parut en 1673.

(3) Holtzendorff-Rivier, *op. cit.*, p. 382. Cpr. tout le § 92.

(4) V. Holtzendorff-Rivier, *op. cit.*, § 93.

peut encore citer, comme se rattachant à l'école du droit naturel, Barbeyrac, Burlamaqui et de Félice (1).

161. — La doctrine de Pufendorf rencontra pourtant des adversaires convaincus, disposés à réagir contre l'importance exagérée du droit naturel. Samuel Rachel et Wolfgang Textor entre autres soutinrent la prédominance du droit positif (2). Ils sont, en quelque sorte, les précurseurs de la seconde école, de l'école « positiviste », dont la tendance était entièrement contraire à celle du droit naturel.

162. — L'école positiviste, en effet, tient compte presque exclusivement des faits et des événements récents ; elle prend en considération les traités et les usages des nations européennes ; quant au droit naturel, ou bien on reste indifférent à son égard et on semble l'ignorer ou bien on ne l'invoque qu'à titre très exceptionnel. La publication de grands recueils de traités, due à l'initiative de Leibnitz (3), fournit à la nouvelle école la matière de son œuvre. D'excellentes monographies publiées par Bynkershock (4), un ouvrage remarquable dû à la plume de Gaspard de Réal (5), marquèrent les premiers pas dans la voie nouvelle. L'immense labeur de Moser (6) et ses nombreux ouvrages, puisés aux sources positives des traités et de la coutume, de-

(1) V. Holtzendorff-Rivier, *op. cit.*, § 95.
(2) V. Holtzendorff-Rivier, *op. cit.*, § 96.
(3) V. Holtzendorff-Rivier, *op. cit.*, p. 399.
(4) V. Holtzendorff-Rivier, *op. cit.*, p. 415.
(5) V. Holtzendorff-Rivier, *op. cit.*, p. 416. — L'ouvrage a pour titre *La science du gouvernement* (1754).
(6) Jean-Jacques Moser (1701-1785) a composé un grand nombre de traités, dont on trouvera l'énumération dans Holtzendorff-Rivier, *op. cit.*, § 102.

vaient servir de base à la science du droit des gens positif
et pratique. Il fallait maintenant utiliser le produit de tous
ces travaux, en coordonner les résultats, en présenter la
synthèse et trouver une exposition plus scientifique et plus
systématique des règles découvertes et reconnues applicables dans la pratique des relations internationales. Ce fut
l'œuvre de Martens (1) ; cet auteur eut non seulement le
mérite d'apporter une ordonnance nouvelle dans les matières du droit des gens (2), mais il eut encore celui de
donner à l'histoire la place qui lui convient ; il a su manier
avec intelligence les matériaux historiques pour en éclairer
les principes de la doctrine.

163. — L'opposition absolue entre le droit naturel et le
droit positif, déjà bien affaiblie chez Martens, devait disparaître sous l'influence de nouvelles conceptions philosophi-
ques. Kant, Hegel, ont apporté des théories sur le fondement du droit des gens (3) et ils ont inspiré plus d'un auteur ;
l'ouvrage de Zachariæ (4), en particulier, n'est qu'une

(1) Georges-Frédéric de Martens a publié également de nombreux
ouvrages ; le plus intéressant est le *Précis du droit des gens moderne
de l'Europe* (1789). V. Holtzendorff-Rivier, *op. cit.*, § 101.

(2) Martens expose dans une introduction les notions générales et
préliminaires, puis il traite successivement « la manière d'acquérir
des droits positifs entre les nations ; — les droits réciproques des
États relativement à leur constitution et à leur gouvernement intérieur ; — les droits des nations relatifs aux affaires étrangères ; —
les droits relatifs à la personne et à la famille des souverains ; — les
négociations à l'amiable et diplomatiques ; — les ambassades ; — la
défense et la poursuite des droits entre les nations par des voies de
fait ; — l'extinction des droits acquis ».

(3) Holtzendorff-Rivier, *op. cit.*, §§ 103 et 107. D'après Kant l'humanité doit se constituer en *État des nations* ; c'est une conception
analogue à la *civitas maxima* de Wolff.

(4) V. Holtzendorff-Rivier, *op. cit.*, p. 120.

émanation du système de Kant. Au reste, leurs opinions personnelles sur le droit des gens, très contestables et abandonnées aujourd'hui, offrent moins d'intérêt que l'esprit général de leur philosophie et leur critique du droit naturel. Grâce à eux, à Kant surtout (1), on a mieux compris la place que le prétendu droit naturel devait occuper ; on a senti qu'il ne fallait ni le répudier tout à fait, ni lui laisser un rôle décisif et prépondérant. Depuis lors, bien qu'il y ait encore des divergences parmi les auteurs modernes (2), sur le rapport exact qu'il convient d'établir entre le droit des gens naturel et le droit positif, on a pu dire, avec raison, qu'au XIXᵉ siècle la majorité des ouvrages ont un caractère commun et que l'école dominante, à l'heure actuelle, est l'école du « positivisme éclectique » ; on y complète l'exposé et l'interprétation des règles positives, à l'aide de la spéculation et de la critique scientifique (3).

164. — Tandis que la notion du droit applicable aux rapports internationaux se développait en de nombreux ouvrages, la théorie « utilitaire », qui regarde l'intérêt comme le seul principe susceptible de présider aux relations entre les peuples, avait dans Montesquieu et dans Bentham des partisans et des défenseurs. Montesquieu se préoccupe surtout de l'intérêt particulier de chaque État (4) ; Bentham a plutôt en vue l'intérêt collectif de tous les États ; d'après lui, l'objet des préceptes internationaux serait « la recherche de l'utilité générale dans le commerce d'États

(1) V. Heffter, *op. cit.*, p. 27.
(2) V. *suprà*, § 2.
(3) Cpr. Heffter, *op. cit.*, p. 27. Tout le paragraphe 10 de l'introduction d'Heffter (théories et littérature du droit public) est intéressant à consulter.
(4) *Esprit des lois*, I, 3 ; V. Heffter, *op. cit.*, p. 28.

indépendants et, en cas de guerre, production du moindre mal possible (1) ». Ces doctrines peuvent se rattacher à celle de Machiavel ; mais la thèse est affinée, épurée : le réalisme étroit a disparu ; la loi morale y trouve même sa place, pour ceux qui admettent que la véritable utilité s'identifie avec les prescriptions de la morale.

165. — Depuis Grotius les progrès accomplis dans la science du droit des gens apparaissent surtout à deux points de vue. D'une part le caractère positif de ce droit s'est affirmé avec plus de netteté et de précision ; la recherche et l'interprétation des règles positives constituent aujourd'hui l'objectif principal de la majorité des auteurs modernes. D'autre part le groupement des diverses questions agitées est devenu meilleur : la « systématique » s'est perfectionnée. On a tenté le classement dogmatique des matières, et la « méthode » a donné au droit des gens une allure scientifique ; elle en a fait une branche spéciale et caractérisée de la jurisprudence. Le choix d'une méthode, d'un plan rationnel d'exposition, n'est donc pas indifférent et c'est à cette tâche que la dernière partie de cette introduction a été consacrée.

(1) V. Holtzendorff-Rivier, *op. cit.*, p. 435 ; Cpr. Heffter, *op. cit.*, p. 28.

MÉTHODE

§15. — Plan méthodique pour l'étude du droit des gens.

166. — Les divers ouvrages publiés sur le droit des gens présentent des différences assez sensibles dans le plan suivi pour l'étude de cette partie de la science juridique (1). On est cependant d'accord aujourd'hui pour rejeter les questions relatives à l'état de guerre, après celles qui concernent les relations pacifiques. Et même, le droit de la guerre remplit simplement d'ordinaire l'une des sections d'un chapitre dont l'ensemble a pour objet les litiges internationaux et les moyens d'y mettre fin.

167. — Dans le droit privé, on commence généralement par étudier les personnes, sujets du droit ; de même, dans le droit international public, on doit tout d'abord consacrer une partie spéciale aux États, qui sont les sujets uniques (2) du droit des gens.

168. — Il convient ensuite de préciser les *droits* qui appartiennent nécessairement aux États ou peuvent acci-

---

(1) On peut comparer, à cet égard, les ouvrages de Heffter, Bluntschli, Calvo, Pradier-Fodéré, la brochure de M. Renault qui se termine par le *Programme d'un cours de droit des gens*, Holtzendorff, *op. cit.*, § 20 et enfin un ouvrage récent de M. Rivier, *Programme d'un cours de droit des gens* (pour servir à l'étude privée et aux leçons universitaires).

(2) C'est l'opinion à laquelle je me range.

dentellement leur appartenir. Dans cette étude on devra naturellement déterminer l'objet des droits reconnus, leur étendue d'application ; et, à ce propos, se présenteront toutes les questions relatives aux « choses » ou « aux biens ». Certains auteurs ont consacré une partie tout à fait distincte aux « choses en droit international » ou « aux biens dans leurs rapports internationaux » (1). Ils suivent ainsi les errements adoptés pour le droit privé par les jurisconsultes romains ; mais c'est reproduire un défaut de méthode depuis longtemps signalé. Les choses ne méritent d'être étudiées que comme objets de droits. Il importe de ne pas renouveler ici la faute commise dans le droit civil.

169. — Une troisième partie doit être consacrée aux relations extérieures des États pendant la paix, au commerce normal et régulier des peuples entre eux.

170. — Enfin dans une quatrième et dernière partie, il faut étudier les conflits entre États, les litiges internationaux, et les moyens d'y mettre fin ou les solutions qu'ils peuvent recevoir.

171. — Voici donc la division générale, qui paraît préférable, pour l'étude du droit des gens :

Première partie. — *Les États, sujets du droit des gens.*

Deuxième partie. — *Les droits des États.*

Troisième partie. — *Les relations pacifiques entre États.*

Quatrième partie. — *Les litiges internationaux et leurs solutions.*

Les deux premières parties correspondent plutôt à la

______

(1) V. notamment Heffter, *Table*, p. VI ; Renault, *op. cit.* ; Rivier, *op. cit.*, chap. III.

tendance individualiste et les deux autres, à la tendance cosmopolite.

172. — Il suffira maintenant d'une indication rapide pour la répartition des diverses questions dans chacune de ces quatre parties (1).

Dans la première partie, il convient d'indiquer d'abord les caractères essentiels que doit présenter une agglomération d'individus, pour constituer un État, pour devenir une des personnes juridiques du droit des gens. A ce propos, on peut indiquer la situation exceptionnelle faite à la puissance spirituelle du pape. La forme du gouvernement n'étant pas au nombre des caractères indiqués, il faut expliquer ce que signifie la reconnaissance d'un gouvernement par les puissances étrangères.

Après avoir signalé les caractères essentiels de l'État, on doit examiner l'origine, la transformation et la disparition des États, d'abord dans les faits, puis en théorie. On se demande s'il est possible d'apprécier la légitimité des groupements d'individus sous forme d'États (théorie de l'équilibre, théorie des nationalités). — A l'origine et à la transformation des États, se rattache la question de la reconnaissance d'un nouvel État par les gouvernements étrangers. — L'origine, la transformation et la disparition des États entraînent diverses conséquences : les unes appartiennent plutôt au droit international privé (questions de nationalité, questions relatives aux jugements en matière civile et aux

(1) L'accord est à peu près fait sur un assez grand nombre de points ; il y a des matières qui sont étudiées d'après un plan presque uniforme par la plupart des auteurs : il en est ainsi surtout pour l'étude des agents diplomatiques et des consuls ; de même on rencontre fort peu de divergences dans la quatrième partie relative aux litiges internationaux.

poursuites criminelles, etc.) ; les autres relèvent du droit
international public (effets de la transformation ou de la
disparition d'un État sur les traités internationaux ; questions relatives à des règlements d'intérêt pécuniaire : domaine public, dettes publiques, etc.).

Enfin il importe de présenter une classification des États,
et de distinguer : 1° les États souverains, qui se divisent
en États simples et en États composés (union personnelle,
union réelle, confédération d'États, État fédéral) : 2° les
États mi-souverains (spécialement États protégés).

173. — Dans l'étude de la deuxième partie, on doit distinguer : 1° les droits absolus, primitifs ou essentiels, qui
appartiennent nécessairement aux États, par le fait seul que
les États font partie de la communauté juridique internationale ; 2° les droits relatifs, secondaires ou accidentels,
qui n'appartiennent aux États qu'à raison de circonstances particulières.

Les droits absolus et primitifs de l'État se ramènent, en
dernière analyse, au droit de souveraineté, avec une double manifestation, intérieure et extérieure.

L'étude de la souveraineté intérieure est assez complexe.
Il faut examiner :

1° En quoi consiste la souveraineté intérieure : indépendance, droit de conservation et de défense, principe
d'égalité ;

2° L'étendue d'application du droit de souveraineté. Ce
droit peut s'étendre soit à des choses, soit à des personnes.

Parmi les choses, les unes, stables, immobilières, forment l'assiette naturelle du droit de souveraineté. Ici se
placent les questions relatives au territoire continental
(nature du droit de souveraineté sur le territoire ; délimi-

tation du territoire; acquisition et perte de la souveraineté territoriale) ; les questions relatives à la navigation fluviale (fleuves coulant sur le territoire d'un seul État ou sur le territoire de plusieurs États); les questions relatives à la mer (la pleine mer et le principe de la liberté des mers; la mer territoriale). — D'autres, mobiles et périssables, offrent de l'intérêt parce qu'elles ont une certaine individualité ; il s'agit des questions concernant les navires (navires en pleine mer ou dans les eaux territoriales étrangères, navires de guerre et bâtiments de commerce).

En ce qui concerne les personnes, la souveraineté de l'État s'étend : sur ses nationaux (demeurés sur le territoire ; établis à l'étranger, dans quelle mesure?) ; sur les étrangers établis sur son territoire (accès des frontières, conditions de séjour ; immigration ; condition juridique des étrangers).

3° Les limites du droit de souveraineté intérieure.

Il y a des limites constantes et nécessaires (concessions réciproques pour la solution des conflits appartenant au droit international privé ou pénal ; immunités de juridiction : celles des souverains et ambassadeurs — renvoi ; — celle de l'État lui-même).

Il y a, d'autre part, des limites accidentelles : c'est ce qu'on appelle parfois les servitudes internationales.

La souveraineté extérieure consiste dans le droit d'entrer en relation avec les autres États ; c'est le droit de commerce mutuel. Cette souveraineté a aussi ses limites : États mi-souverains, États perpétuellement neutres.

Pour compléter l'étude de la souveraineté intérieure et de la souveraineté extérieure, il faut examiner une question qui leur est commune ; il s'agit d'une violation possible du droit, dans la pratique des rapports internationaux : c'est la théorie de l'intervention.

Les droits relatifs ou accidentels dérivent soit de faits
licites (les uns supposant un accord de volontés : traités ;
les autres se produisant sans accord de volontés : quasi-
contrats internationaux), soit de faits illicites (délits internationaux).

174. — Dans la troisième partie, relative aux relations
pacifiques entre États, une sous-division s'impose. Les relations entre États ont lieu par l'intermédiaire de certaines
personnes, qui sont les organes de l'État, ses représentants
dans les relations extérieures. Il est donc nécessaire d'étudier : 1° les organes ou représentants de l'État dans ses
relations extérieures ; 2° les rapports conventionnels entre
États

Les représentants de l'État dans les relations extérieures
sont ou bien des organes faisant partie de la constitution
de l'État et fixés habituellement sur son territoire (le souverain ; le ministre des affaires étrangères) ; ou bien des
mandataires envoyés à l'étranger auprès des autres gouvernements (agents diplomatiques ; consuls).

L'étude des rapports conventionnels entre États comporte d'abord l'examen des conditions requises pour la validité des traités ; ces conditions se réfèrent : 1° à la capacité des parties contractantes ; ici se pose une double
question : celle de la capacité de l'État lui-même, question
résolue par le droit des gens ; et celle de la capacité des
pouvoirs publics appelés à représenter l'État dans la conclusion du traité, question résolue par le droit constitutionnel (ratification des traités) ; 2° au consentement : négociations, échange de volontés, accord des parties con

tractantes ; 3° à l'objet : différentes catégories de traités ; dénominations diverses. On peut signaler à ce propos, ou sous forme d'appendice, les particularités relatives aux concordats.

On doit examiner ensuite les modalités possibles dans les traités : condition, terme (prorogation et renouvellement des traités) ; — puis les effets des traités, entre les parties, à l'égard des tiers (clause de la nation la plus favorisée) ; — et enfin les garanties prises pour l'exécution des traités.

175. — La dernière partie traite des litiges internationaux et de leurs solutions.

Il est facile de montrer comment des conflits peuvent naître entre les États ; mais leur solution est plus délicate.

Il y a place tout d'abord pour des solutions pacifiques : 1° intervention amicale ; bons offices et médiation ; 2° arbitrage international.

Puis il y a des solutions qui supposent un acte de force, de violence : 1° mesures de rétorsion, de représailles ; embargo, blocus ; 2° la guerre.

L'étude de la guerre est assez vaste et très complexe. Il convient d'exposer au début certaines idées générales sur le rôle de la guerre et le but qu'elle doit se proposer.

Puis on doit examiner les lois proprement dites de la guerre ; les diverses difficultés peuvent être groupées sous les rubriques suivantes : de la déclaration de guerre ; — distinction des belligérants ; — procédés licites ou illicites ; — traitement des prisonniers, des malades et des blessés ; — rapports entre belligérants ; — rapports de l'armée d'occupation avec le pays occupé, soit à l'égard des personnes, soit à l'égard des choses (biens de l'État, biens des particu-

liers ; contrib...ions ; réquisitions) ; — règles spéciales à la
guerre mariti..e : la course ; la propriété privée ennemie
et les personnes non combattantes ; — fin de la guerre :
cessation des hostilités ; traité de paix.

La guerre intéresse non seulement les États belligérants,
mais encore ceux qui restent étrangers aux hostilités. Il
importe donc de compléter l'étude par la théorie de la neutralité, laquelle comprend l'examen des questions suivantes : les neutres ; définition de la neutralité ; — devoirs des
neutres ; — droits des neutres : commerce des neutres et
spécialement du commerce maritime ; liberté du commerce
des neutres ; — restrictions apportées à ce principe : con-
trebande de guerre ; blocus ; — sanction de ces restrictions : droit de visite (saisie, prises maritimes, jugement
des prises).

176. — Pour résumer les indications précédentes, voici
le plan succinct que l'on peut suivre pour étudier ou exposer le droit des gens.

Première partie. — Les États, sujets du droit des gens.

SECTION Ire. — CARACTÈRES ESSENTIELS D'UN ÉTAT (situation exceptionnelle du pape ; la reconnaissance d'un gouvernement
par les puissances étrangères)

SECTION II. — ORIGINE, TRANSFORMATION ET DISPARITION DES ÉTATS.

Dans les faits.

En théorie (théorie de l'équilibre, théorie des nationalités).

La reconnaissance d'un nouvel État par les gouvernements étrangers.

Conséquences diverses : les unes relevant plutôt du droit
international privé, les autres du droit international
public.

Rapports de l'armée d'occupation avec le pays occupé.
  Soit à l'égard des personnes.
  Soit à l'égard des choses (biens de l'État et des particuliers).
Règles spéciales à la guerre maritime.
Fin de la guerre ; traité de paix.

§ III. *La neutralité.*
Les neutres ; définition de la neutralité.
Devoirs des neutres.
Droits des neutres.
Restrictions aux droits des neutres.
Sanction de ces restrictions.

TABLE DES MATIÈRES

———

II

Historique.

III

Méthode.

Imp. O. Saint-Aubin et Thévenot, Saint-Dizier (Haute-Marne). 30, Passage Verdeau, Paris.

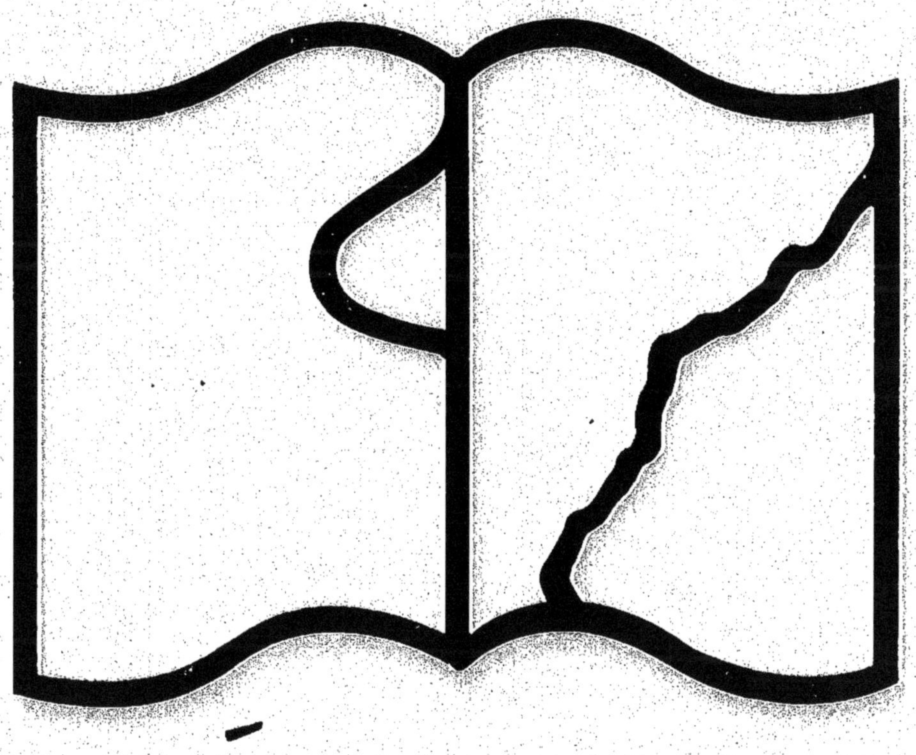

Texte détérioré — reliure défectueuse

NF Z 43-120-11